VOCABULAIRE THAÏ POUR L'AUTOFORMATION
Dictionnaire thématique

Les dictionnaires T&P Books ont pour but de vous aider à apprendre, à mémoriser et à réviser votre vocabulaire en langue étrangère. Ce lexique présente, de façon thématique, plus de 7000 mots les plus fréquents de la langue.

- Ce livre comporte les mots les plus couramment utilisés
- Son usage est recommandé en complément de l'étude de toute autre méthode de langue
- Il répond à la fois aux besoins des débutants et à ceux des étudiants en langues étrangères de niveau avancé
- Il est idéal pour un usage quotidien, des séances de révision ponctuelles et des tests d'auto-évaluation
- Il vous permet de tester votre niveau de vocabulaire

Spécificités de ce dictionnaire thématique:

- Les mots sont présentés de manière sémantique, et non alphabétique
- Ils sont répartis en trois colonnes pour faciliter la révision et l'auto-évaluation
- Les groupes sémantiques sont divisés en sous-groupes pour favoriser l'apprentissage
- Ce lexique donne une transcription simple et pratique de chaque mot en langue étrangère

Ce dictionnaire comporte 198 thèmes, dont:

les notions fondamentales, les nombres, les couleurs, les mois et les saisons, les unités de mesure, les vêtements et les accessoires, les aliments et la nutrition, le restaurant, la famille et les liens de parenté, le caractère et la personnalité, les sentiments et les émotions, les maladies, la ville et la cité, le tourisme, le shopping, l'argent, la maison, le foyer, le bureau, la vie de bureau, l'import-export, le marketing, la recherche d'emploi, les sports, l'éducation, l'informatique, l'Internet, les outils, la nature, les différents pays du monde, les nationalités, et bien d'autres encore …

TABLE DES MATIÈRES

GUIDE DE PRONONCIATION

Alphabet phonétique T&P	Exemple en thaï	Exemple en français

Voyelles

[a]	ห้า [hâ:] – hâa	classe
[e]	เป็นลม [pen lom] – bpen lom	équipe
[i]	วินัย [wiʔ naj] – wí–nai	stylo
[o]	โกน [ko:n] – gohn	normal
[u]	ขุ่นเคือง [kʰùn kʰɯ:aŋ] – khùn kheuang	boulevard
[aa]	ราคา [ra: kʰa:] – raa–khaa	camarade
[oo]	ภูมิใจ [pʰu:m tɕaj] – phoom jai	tour
[ee]	บัญชี [ban tɕʰi:] – ban–chee	industrie
[eu]	เดือน [dɯ:an] – deuan	Une sorte de long schwa [ə]
[er]	เงิน [ŋɤn] – ngern	Comme [o] sans arrondir les lèvres
[ae]	แปล [plɛ:] – bplae	hacker
[ay]	เลข [lê:k] – lâyk	aller
[ai]	ไปปี้ [paj] – bpai	maillot
[oi]	โพย [pʰo:j] – phoi	coyote
[ya]	สัญญา [sǎn ja:] – sǎn–yaa	caviar
[oie]	อบเชย [ʔòp tɕʰɤ:j] – òp–choie	Combinaison [ə:i]
[ieo]	หน้าเชียว [nâ: si:aw] – nâa sieow	KIA (auto)

Consonnes initiales

[b]	บาง [ba:ŋ] – baang	bureau
[d]	สีแดง [sǐ: dɛ:ŋ] – sěe daeng	document
[f]	มันฝรั่ง [man fà ràŋ] – man fà–ràng	formule
[h]	เฮลซิงกิ [he:n siŋ kìʔ] – hayn–sing–gì	[h] aspiré
[y]	ยี่สิบ [jî: sìp] – yêe sìp	maillot
[g]	กรง [kroŋ] – grorng	gris
[kh]	เลขา [le: kʰǎ:] – lay–khǎa	[k] aspiré
[l]	เล็ก [lék] – lék	vélo
[m]	เมลอน [me: lɔ:n] – may–lorn	minéral
[n]	หนัง [nǎŋ] – nǎng	ananas
[ng]	เงือก [ŋɯ:ak] – ngêuak	parking
[bp]	เป็น [pen] – bpen	panama
[ph]	เผ่า [pʰàw] – phào	[p] aspiré
[r]	เบอร์รี่ [bɤ: rî:] – ber–rêe	racine, rouge
[s]	ซ่อน [sôn] – sôrn	syndicat
[dt]	ดนตรี [don tri:] – don–dtree	tennis

Alphabet phonétique T&P	Exemple en thaï	Exemple en français
[j]	ปั้นจั่น [pân tçàn] – bpân jàn	Tchèque
[ch]	วิชา [wí? tɕʰaː] – wí–chaa	[tsch] aspiré
[th]	แถว [tʰɛːw] – thǎe	[t] aspiré
[w]	เคียว [kʰiːaw] – khieow	iguane

Consonnes finales

[k]	แม่เหล็ก [mɛː lèk] – mâe lèk	bocal
[m]	เพิ่ม [pʰɤːm] – phêrm	minéral
[n]	เนียน [niːan] – nian	ananas
[ng]	เป็นห่วง [pen hùːaŋ] – bpen hùang	parking
[p]	ไม่ขยับ [mâj kʰà ja p] – mâi khà–yàp	panama
[t]	ลูกเป็ด [lùːk pèt] – lôok bpèt	tennis

Remarques

Ton égal - [ā] การดูคน [gaan khon]
Ton bas - [à] แจกจ่าย [jàek jàai]
Ton descendant - [â] แต่ม [dtâem]
Ton haut - [á] แซ็กโซโฟน [sáek-soh-fohn]
Ton montant - [ǎ] เนินเขา [nern khǎo]

ABRÉVIATIONS
employées dans ce livre

Abréviations en français

adj	-	adjective
adv	-	adverbe
anim.	-	animé
conj	-	conjonction
dénombr.	-	dénombrable
etc.	-	et cetera
f	-	nom féminin
f pl	-	féminin pluriel
fam.	-	familiar
fem.	-	féminin
form.	-	formal
inanim.	-	inanimé
indénombr.	-	indénombrable
m	-	nom masculin
m pl	-	masculin pluriel
m, f	-	masculin, féminin
masc.	-	masculin
math	-	mathematics
mil.	-	militaire
pl	-	pluriel
prep	-	préposition
pron	-	pronom
qch	-	quelque chose
qn	-	quelqu'un
sing.	-	singulier
v aux	-	verbe auxiliaire
v imp	-	verbe impersonnel
vi	-	verbe intransitif
vi, vt	-	verbe intransitif, transitif
vp	-	verbe pronominal
vt	-	verbe transitif

CONCEPTS DE BASE

Concepts de base. Partie 1

1. Les pronoms

tu	คุณ	khun
il	เขา	khǎo
elle	เธอ	ther
ça	มัน	man
nous	เรา	rao
vous	คุณทั้งหลาย	khun tháng lǎai
vous (form., sing.)	คุณ	khun
vous (form., pl)	คุณทั้งหลาย	khun tháng lǎai
ils	เขา	khǎo
elles	เธอ	ther

2. Adresser des vœux. Se dire bonjour. Se dire au revoir

Bonjour! (fam.)	สวัสดี!	sà-wàt-dee
Bonjour! (form.)	สวัสดี ครับ/ค่ะ!	sà-wàt-dee khráp/khâ
Bonjour! (le matin)	อรุณสวัสดิ์!	a-run sà-wàt
Bonjour! (après-midi)	สวัสดีตอนบ่าย	sà-wàt-dee dtorn-bàai
Bonsoir!	สวัสดีตอนค่ำ	sà-wàt-dee dtorn-khâm
dire bonjour	ทักทาย	thák thaai
Salut!	สวัสดี!	sà-wàt-dee
salut (m)	คำทักทาย	kham thák thaai
saluer (vt)	ทักทาย	thák thaai
Comment allez-vous?	คุณสบายดีไหม?	khun sà-baai dee mǎi
Comment ça va?	สบายดีไหม?	sà-baai dee mǎi
Quoi de neuf?	มีอะไรใหม?	mee à-rai mài
Au revoir! (form.)	ลาก่อน!	laa gòrn
Au revoir! (fam.)	บาย!	baai
À bientôt!	พบกันใหม่	phóp gan mài
Adieu! (fam.)	ลาก่อน!	laa gòrn
Adieu! (form.)	สวัสดี!	sà-wàt-dee
dire au revoir	บอกลา	bòrk laa
Salut! (À bientôt!)	ลาก่อน!	laa gòrn
Merci!	ขอบคุณ!	khòrp khun
Merci beaucoup!	ขอบคุณมาก!	khòrp khun mâak
Je vous en prie	ยินดีช่วย	yin dee chûay
Il n'y a pas de quoi	ไม่เป็นไร	mâi bpen rai
Pas de quoi	ไม่เป็นไร	mâi bpen rai

Excuse-moi!	ขอโทษที!	khŏr thôht thee
Excusez-moi!	ขอโทษ ครับ/ค่ะ!	khŏr thôht khráp / khâ
excuser (vt)	ให้อภัย	hâi a-phai

s'excuser (vp)	ขอโทษ	khŏr thôht
Mes excuses	ขอโทษ	khŏr thôht
Pardonnez-moi!	ขอโทษ!	khŏr thôht
pardonner (vt)	อภัย	a-phai
C'est pas grave	ไม่เป็นไร!	mâi bpen rai
s'il vous plaît	โปรด	bpròht

N'oubliez pas!	อย่าลืม!	yàa leum
Bien sûr!	แน่นอน!	nâe norn
Bien sûr que non!	ไม่ใช่แน่!	mâi châi nâe
D'accord!	โอเค!	oh-khay
Ça suffit!	พอแล้ว	phor láew

3. Les nombres cardinaux. Partie 1

zéro	ศูนย์	sŏon
un	หนึ่ง	nèung
deux	สอง	sŏrng
trois	สาม	săam
quatre	สี่	sèe

cinq	ห้า	hâa
six	หก	hòk
sept	เจ็ด	jèt
huit	แปด	bpàet
neuf	เก้า	gâo

dix	สิบ	sìp
onze	สิบเอ็ด	sìp èt
douze	สิบสอง	sìp sŏrng
treize	สิบสาม	sìp săam
quatorze	สิบสี่	sìp sèe

quinze	สิบห้า	sìp hâa
seize	สิบหก	sìp hòk
dix-sept	สิบเจ็ด	sìp jèt
dix-huit	สิบแปด	sìp bpàet
dix-neuf	สิบเก้า	sìp gâo

vingt	ยี่สิบ	yêe sìp
vingt et un	ยี่สิบเอ็ด	yêe sìp èt
vingt-deux	ยี่สิบสอง	yêe sìp sŏrng
vingt-trois	ยี่สิบสาม	yêe sìp săam

trente	สามสิบ	săam sìp
trente et un	สามสิบเอ็ด	săam-sìp-èt
trente-deux	สามสิบสอง	săam-sìp-sŏrng
trente-trois	สามสิบสาม	săam-sìp-săam
quarante	สี่สิบ	sèe sìp
quarante et un	สี่สิบเอ็ด	sèe-sìp-èt

quarante-deux	สี่สิบสอง	sèe-sìp-sŏrng
quarante-trois	สี่สิบสาม	sèe-sìp-săam
cinquante	ห้าสิบ	hâa sìp
cinquante et un	หาสิบเอ็ด	hâa-sìp-èt
cinquante-deux	หาสิบสอง	hâa-sìp-sŏrng
cinquante-trois	หาสิบสาม	hâa-sìp-săam
soixante	หกสิบ	hòk sìp
soixante et un	หกสิบเอ็ด	hòk-sìp-èt
soixante-deux	หกสิบสอง	hòk-sìp-sŏrng
soixante-trois	หกสิบสาม	hòk-sìp-săam
soixante-dix	เจ็ดสิบ	jèt sìp
soixante et onze	เจ็ดสิบเอ็ด	jèt-sìp-èt
soixante-douze	เจ็ดสิบสอง	jèt-sìp-sŏrng
soixante-treize	เจ็ดสิบสาม	jèt-sìp-săam
quatre-vingts	แปดสิบ	bpàet sìp
quatre-vingt et un	แปดสิบเอ็ด	bpàet-sìp-èt
quatre-vingt deux	แปดสิบสอง	bpàet-sìp-sŏrng
quatre-vingt trois	แปดสิบสาม	bpàet-sìp-săam
quatre-vingt-dix	เก้าสิบ	gâo sìp
quatre-vingt et onze	เก้าสิบเอ็ด	gâo-sìp-èt
quatre-vingt-douze	เก้าสิบสอง	gâo-sìp-sŏrng
quatre-vingt-treize	เกาสิบสาม	gâo-sìp-săam

4. Les nombres cardinaux. Partie 2

cent	หนึ่งร้อย	nèung rói
deux cents	สองรอย	sŏrng rói
trois cents	สามรอย	săam rói
quatre cents	สี่รอย	sèe rói
cinq cents	หารอย	hâa rói
six cents	หกรอย	hòk rói
sept cents	เจ็ดรอย	jèt rói
huit cents	แปดรอย	bpàet rói
neuf cents	เการอย	gâo rói
mille	หนึ่งพัน	nèung phan
deux mille	สองพัน	sŏrng phan
trois mille	สามพัน	săam phan
dix mille	หนึ่งหมื่น	nèung mèun
cent mille	หนึ่งแสน	nèung săen
million (m)	ลาน	láan
milliard (m)	พันลาน	phan láan

5. Les nombres. Fractions

| fraction (f) | เศษส่วน | sàyt sùan |
| un demi | หนึ่งสวนสอง | nèung sùan sŏrng |

15

| un tiers | หนึ่งส่วนสาม | nèung sùan săam |
| un quart | หนึ่งสวนสี่ | nèung sùan sèe |

un huitième	หนึ่งส่วนแปด	nèung sùan bpàet
un dixième	หนึ่งสุวนสิบ	nèung sùan sìp
deux tiers	สองสุวนสาม	sŏrng sùan săam
trois quarts	สามสวนสี่	săam sùan sèe

6. Les nombres. Opérations mathématiques

soustraction (f)	การลบ	gaan lóp
soustraire (vt)	ลบ	lóp
division (f)	การหาร	gaan hăan
diviser (vt)	หาร	hăan

addition (f)	การบวก	gaan bùak
additionner (vt)	บวก	bùak
ajouter (vt)	เพิ่ม	phêrm
multiplication (f)	การคูณ	gaan khon
multiplier (vt)	คูณ	khoon

7. Les nombres. Divers

chiffre (m)	ตัวเลข	dtua lâyk
nombre (m)	เลข	lâyk
adjectif (m) numéral	ตัวเลข	dtua lâyk

moins (m)	เครื่องหมายลบ	khrêuang măai lóp
plus (m)	เครื่องหมายบวก	khrêuang măai bùak
formule (f)	สูตร	sòot

calcul (m)	การนับ	gaan náp
compter (vt)	นับ	náp
calculer (vt)	นับ	náp
comparer (vt)	เปรียบเทียบ	bprìap thîap

| Combien? (indénombr.) | เท่าไหร่? | thâo rài |
| Combien? (dénombr.) | กี่...? | gèe...? |

somme (f)	ผลรวม	phŏn ruam
résultat (m)	ผลลัพธ์	phŏn láp
reste (m)	ที่เหลือ	thêe lĕua

quelques ...	สองสุวม	sŏrng săam
peu de ...	นิดหน่อย	nít nòi
peu de ... (dénombr.)	น้อย	nói
reste (m)	ที่เหลือ	thêe lĕua
un et demi	หนึ่งครึ่ง	nèung khrêung
douzaine (f)	โหล	lŏh

| en deux (adv) | เป็นสองส่วน | bpen sŏrng sùan |
| en parties égales | เทาเทียมกัน | thâo thiam gan |

| moitié (f) | ครึ่ง | khrêung |
| fois (f) | ครั้ง | khráng |

8. Les verbes les plus importants. Partie 1

aider (vt)	ช่วย	chûay
aimer (qn)	รัก	rák
aller (à pied)	ไป	bpai
apercevoir (vt)	สังเกต	sǎng-gàyt
appartenir à ...	เป็นของของ...	bpen khǒrng khǒrng...
appeler (au secours)	เรียก	rîak
attendre (vt)	รอ	ror
attraper (vt)	จับ	jàp
avertir (vt)	เตือน	dteuan
avoir (vt)	มี	mee
avoir confiance	เชื่อ	chêua
avoir faim	หิว	hǐw
avoir peur	กลัว	glua
avoir soif	กระหายน้ำ	grà-hǎai náam
cacher (vt)	ซ่อน	sôrn
casser (briser)	แตก	dtàek
cesser (vt)	หยุด	yùt
changer (vt)	เปลี่ยน	bplìan
chasser (animaux)	ล่า	lâa
chercher (vt)	หา	hǎa
choisir (vt)	เลือก	lêuak
commander (~ le menu)	สั่ง	sàng
commencer (vt)	เริ่ม	rêrm
comparer (vt)	เปรียบเทียบ	bprìap thîap
comprendre (vt)	เขาใจ	khâo jai
compter (dénombrer)	นับ	náp
compter sur ...	พึ่งพา	phêung phaa
confondre (vt)	สับสน	sàp sǒn
connaître (qn)	รู้จัก	róo jàk
conseiller (vt)	แนะนำ	náe nam
continuer (vt)	ทำต่อไป	tham dtòr bpai
contrôler (vt)	ควบคุม	khûap khum
courir (vi)	วิ่ง	wîng
coûter (vt)	ราคา	raa-khaa
créer (vt)	สร้าง	sâang
creuser (vt)	ขุด	khùt
crier (vi)	ตะโกน	dtà-gohn

9. Les verbes les plus importants. Partie 2

| décorer (~ la maison) | ประดับ | bprà-dàp |
| défendre (vt) | ปกป้อง | bpòk bpôrng |

déjeuner (vi)	ทานอาหารเที่ยง	thaan aa-hǎan thîang
demander (~ l'heure)	ถาม	thǎam
demander (de faire qch)	ขอ	khǒr

descendre (vi)	ลง	long
deviner (vt)	คาดเดา	khâat dao
dîner (vi)	ทานอาหารเย็น	thaan aa-hǎan yen
dire (vt)	บอก	bòrk
diriger (~ une usine)	บริหาร	bor-rí-hǎan
discuter (vt)	หารือ	hǎa-reu

donner (vt)	ให้	hâi
donner un indice	บอกใบ้	bòrk bâi
douter (vt)	สงสัย	sǒng-sǎi
écrire (vt)	เขียน	khǐan
entendre (bruit, etc.)	ได้ยิน	dâai yin

entrer (vi)	เข้า	khâo
envoyer (vt)	ส่ง	sòng
espérer (vi)	หวัง	wǎng
essayer (vt)	พยายาม	phá-yaa-yaam

être (vi)	เป็น	bpen
être d'accord	เห็นด้วย	hěn dûay
être nécessaire	ต้องการ	dtôrng gaan
être pressé	รีบ	rêep

étudier (vt)	เรียน	rian
excuser (vt)	ให้อภัย	hâi a-phai
exiger (vt)	เรียกร้อง	rîak rórng
exister (vi)	มีอยู่	mee yòo
expliquer (vt)	อธิบาย	à-thí-baai

faire (vt)	ทำ	tham
faire tomber	ทิ้งให้ตก	thíng hâi dtòk
finir (vt)	จบ	jòp
garder (conserver)	รักษา	rák-sǎa
gronder, réprimander (vt)	ดุด่า	dù dàa

informer (vt)	แจ้ง	jâeng
insister (vi)	ยืนยัน	yeun yan
insulter (vt)	ดูถูก	doo thòok
inviter (vt)	เชิญ	chern
jouer (s'amuser)	เล่น	lên

10. Les verbes les plus importants. Partie 3

libérer (ville, etc.)	ปลดปล่อย	bplòt bplòi
lire (vi, vt)	อ่าน	àan
louer (prendre en location)	เช่า	châo
manquer (l'école)	พลาด	phlâat
menacer (vt)	ขู่	khòo
mentionner (vt)	กล่าวถึง	glàao thěung
montrer (vt)	แสดง	sà-daeng

nager (vi)	ว่ายน้ำ	wâai náam
objecter (vt)	คาน	kháan
observer (vt)	สังเกตการณ์	săng-gàyt gaan

ordonner (mil.)	สั่งการ	sàng gaan
oublier (vt)	ลืม	leum
ouvrir (vt)	เปิด	bpèrt
pardonner (vt)	ให้อภัย	hâi a-phai
parler (vi, vt)	พูด	phôot

participer à ...	มีส่วนร่วม	mee sùan rûam
payer (régler)	จ่าย	jàai
penser (vi, vt)	คิด	khít
permettre (vt)	อนุญาต	a-nú-yâat
plaire (être apprécié)	ชอบ	chôrp

plaisanter (vi)	ล้อเล่น	lór lên
planifier (vt)	วางแผน	waang phăen
pleurer (vi)	ร้องไห้	rórng hâi
posséder (vt)	เป็นเจ้าของ	bpen jâo khŏrng
pouvoir (v aux)	สามารถ	săa-mâat
préférer (vt)	ชอบ	chôrp

prendre (vt)	เอา	ao
prendre en note	จด	jòt
prendre le petit déjeuner	ทานอาหารเช้า	thaan aa-hăan cháo
préparer (le dîner)	ทำอาหาร	tham aa-hăan
prévoir (vt)	คาดหวัง	khâat wăng

prier (~ Dieu)	ภาวนา	phaa-wá-naa
promettre (vt)	สัญญา	săn-yaa
prononcer (vt)	ออกเสียง	òrk sĭang
proposer (vt)	เสนอ	sà-nĕr
punir (vt)	ลงโทษ	long thôht

11. Les verbes les plus importants. Partie 4

recommander (vt)	แนะนำ	náe nam
regretter (vt)	เสียใจ	sĭa jai
répéter (dire encore)	ซ้ำ	sám
répondre (vi, vt)	ตอบ	dtòrp
réserver (une chambre)	จอง	jorng

rester silencieux	นิ่งเงียบ	nîng ngîap
réunir (regrouper)	สมาน	sà-măan
rire (vi)	หัวเราะ	hŭa rór
s'arrêter (vp)	หยุด	yùt
s'asseoir (vp)	นั่ง	nâng

sauver (la vie à qn)	กู้	gôo
savoir (qch)	รู้	róo
se baigner (vp)	ไปว่ายน้ำ	bpai wâai náam
se plaindre (vp)	บ่น	bòn
se refuser (vp)	ปฏิเสธ	bpà-dtì-sàyt

se tromper (vp)	ทำผิด	tham phìt
se vanter (vp)	โอ้อวด	ôh ùat
s'étonner (vp)	ประหลาดใจ	bprà-làat jai
s'excuser (vp)	ขอโทษ	khŏr thôht
signer (vt)	ลงนาม	long naam

signifier (vt)	หมาย	măai
s'intéresser (vp)	สนใจใน	sŏn jai nai
sortir (aller dehors)	ออกไป	òrk bpai
sourire (vi)	ยิ้ม	yím
sous-estimer (vt)	ดูถูก	doo thòok

suivre ... (suivez-moi)	ไปตาม...	bpai dtaam...
tirer (vi)	ยิง	ying
tomber (vi)	ตก	dtòk
toucher (avec les mains)	แตะต้อง	dtàe dtông
tourner (~ à gauche)	เลี้ยว	líeow

traduire (vt)	แปล	bplae
travailler (vi)	ทำงาน	tham ngaan
tromper (vt)	หลอก	lòrk
trouver (vt)	พบ	phóp
tuer (vt)	ฆ่า	khâa
vendre (vt)	ขาย	khăai

venir (vi)	มา	maa
voir (vt)	เห็น	hĕn
voler (avion, oiseau)	บิน	bin
voler (qch à qn)	ขโมย	khà-moi
vouloir (vt)	ต้องการ	dtông gaan

12. Les couleurs

couleur (f)	สี	sĕe
teinte (f)	สีอ่อน	sĕe òrn
ton (m)	สีสัน	sĕe săn
arc-en-ciel (m)	สายรุ้ง	săai rúng

blanc (adj)	สีขาว	sĕe khăao
noir (adj)	สีดำ	sĕe dam
gris (adj)	สีเทา	sĕe thao

vert (adj)	สีเขียว	sĕe khĭeow
jaune (adj)	สีเหลือง	sĕe lĕuang
rouge (adj)	สีแดง	sĕe daeng

bleu (adj)	สีน้ำเงิน	sĕe nám ngern
bleu clair (adj)	สีฟ้า	sĕe fáa
rose (adj)	สีชมพู	sĕe chom-poo
orange (adj)	สีส้ม	sĕe sôm
violet (adj)	สีม่วง	sĕe mûang
brun (adj)	สีน้ำตาล	sĕe nám dtaan
d'or (adj)	สีทอง	sĕe thorng
argenté (adj)	สีเงิน	sĕe ngern

beige (adj)	สีน้ำตาลอ่อน	sěe nám dtaan òrn
crème (adj)	สีครีม	sěe khreem
turquoise (adj)	สีเขียวแกม	sěe khǐeow gaem
	น้ำเงิน	náam ngern
rouge cerise (adj)	สีแดงเชอร์รี่	sěe daeng cher-rêe
lilas (adj)	สีม่วงอ่อน	sěe mûang-òrn
framboise (adj)	สีแดงเข้ม	sěe daeng khâym
clair (adj)	อ่อน	òrn
foncé (adj)	แก่	gàe
vif (adj)	สด	sòt
de couleur (adj)	สี	sěe
en couleurs (adj)	สี	sěe
noir et blanc (adj)	ขาวดำ	khǎao-dam
unicolore (adj)	สีเดียว	sěe dieow
multicolore (adj)	หลากสี	làak sěe

13. Les questions

Qui?	ใคร?	khrai
Quoi?	อะไร?	a-rai
Où? (~ es-tu?)	ที่ไหน?	thêe nǎi
Où? (~ vas-tu?)	ที่ไหน?	thêe nǎi
D'où?	จากที่ไหน?	jàak thêe nǎi
Quand?	เมื่อไหร่?	mêua rài
Pourquoi? (~ es-tu venu?)	ทำไม?	tham-mai
Pourquoi? (~ t'es pâle?)	ทำไม?	tham-mai
À quoi bon?	เพื่ออะไร?	phêua a-rai
Comment?	อย่างไร?	yàang rai
Quel? (à ~ prix?)	อะไร?	a-rai
Lequel?	ไหน?	nǎi
À qui? (pour qui?)	สำหรับใคร?	sǎm-ràp khrai
De qui?	เกี่ยวกับใคร?	gìeow gàp khrai
De quoi?	เกี่ยวกับอะไร?	gìeow gàp a-rai
Avec qui?	กับใคร?	gàp khrai
Combien? (dénombr.)	กี่...?	gèe...?
Combien? (Indénombr.)	เท่าไหร่?	thâo rài
À qui? (~ est ce livre?)	ของใคร?	khǒrng khrai

14. Les mots-outils. Les adverbes. Partie 1

Où? (~ es-tu?)	ที่ไหน?	thêe nǎi
ici (c'est ~)	ที่นี่	thêe nêe
là-bas (c'est ~)	ที่นั้น	thêe nân
quelque part (être)	ที่ใดที่หนึ่ง	thêe dai thêe nèung
nulle part (adv)	ไม่มีที่ไหน	mâi mee thêe nǎi
près de …	ข้าง	khâang

près de la fenêtre	ข้างหน้าต่าง	khâang nâa dtàang
Où? (~ vas-tu?)	ที่ไหน?	thêe năi
ici (Venez ~)	ที่นี่	thêe nêe
là-bas (j'irai ~)	ที่นั่น	thêe nân
d'ici (adv)	จากที่นี่	jàak thêe nêe
de là-bas (adv)	จากที่นั่น	jàak thêe nân
près (pas loin)	ใกล้	glâi
loin (adv)	ไกล	glai
près de (~ Paris)	ใกล้	glâi
tout près (adv)	ใกล้ๆ	glâi glâi
pas loin (adv)	ไม่ไกล	mâi glai
gauche (adj)	ซ้าย	sáai
à gauche (être ~)	ทางซ้าย	khâang sáai
à gauche (tournez ~)	ซ้าย	sáai
droit (adj)	ขวา	khwăa
à droite (être ~)	ทางขวา	khâang kwăa
à droite (tournez ~)	ขวา	khwăa
devant (adv)	ข้างหน้า	khâang nâa
de devant (adj)	หน้า	nâa
en avant (adv)	หน้า	nâa
derrière (adv)	ข้างหลัง	khâang lăng
par derrière (adv)	จากข้างหลัง	jàak khâang lăng
en arrière (regarder ~)	หลัง	lăng
milieu (m)	กลาง	glaang
au milieu (adv)	ตรงกลาง	dtrorng glaang
de côté (vue ~)	ข้าง	khâang
partout (adv)	ทุกที่	thúk thêe
autour (adv)	รอบ	rôrp
de l'intérieur	จากข้างใน	jàak khâang nai
quelque part (aller)	ที่ไหน	thêe năi
tout droit (adv)	ตรงไป	dtrorng bpai
en arrière (revenir ~)	กลับ	glàp
de quelque part (n'import d'où)	จากที่ใด	jàak thêe dai
de quelque part (on ne sait pas d'où)	จากที่ใด	jàak thêe dai
premièrement (adv)	ข้อที่หนึ่ง	khôr thêe nèung
deuxièmement (adv)	ขอที่สอง	khôr thêe sŏrng
troisièmement (adv)	ขอที่สาม	khôr thêe săam
soudain (adv)	ในทันที	nai than thee
au début (adv)	ตอนแรก	dtorn-râek
pour la première fois	เป็นครั้งแรก	bpen khráng râek
bien avant ...	นานก่อน	naan gòrn
de nouveau (adv)	ใหม	mài

pour toujours (adv)	ให้จบสิ้น	hâi jòp sîn
jamais (adv)	ไม่เคย	mâi khoie
de nouveau, encore (adv)	อีกครั้งหนึ่ง	èek khráng nèung
maintenant (adv)	ตอนนี้	dtorn-née
souvent (adv)	บ่อย	bòi
alors (adv)	เวลานั้น	way-laa nán
d'urgence (adv)	อย่างเร่งด่วน	yàang râyng dùan
d'habitude (adv)	มักจะ	mák jà
à propos, ...	อนึ่ง	à-nèung
c'est possible	เป็นไปได้	bpen bpai dâai
probablement (adv)	อาจจะ	àat jà
peut-être (adv)	อาจจะ	àat jà
en plus, ...	นอกจากนั้น...	nôrk jàak nán...
c'est pourquoi ...	นั้นเป็นเหตุผลที่...	nân bpen hàyt phŏn thêe...
malgré ...	แม้ว่า...	máe wâa...
grâce à ...	เนื่องจาก...	nêuang jàak...
quoi (pron)	อะไร	a-rai
que (conj)	ที่	thêe
quelque chose (Il m'est arrivé ~)	อะไร	a-rai
quelque chose (peut-on faire ~)	อะไรก็ตาม	a-rai gôr dtaam
rien (m)	ไม่มีอะไร	mâi mee a-rai
qui (pron)	ใคร	khrai
quelqu'un (on ne sait pas qui)	บางคน	baang khon
quelqu'un (n'importe qui)	บางคน	baang khon
personne (pron)	ไม่มีใคร	mâi mee khrai
nulle part (aller ~)	ไม่ไปไหน	mâi bpai năi
de personne	ไม่เป็นของของใคร	mâi bpen khŏrng khŏrng khrai
de n'importe qui	ของคนหนึ่ง	khŏrng khon nèung
comme ça (adv)	มาก	mâak
également (adv)	ด้วย	dûay
aussi (adv)	ด้วย	dûay

15. Les mots-outils. Les adverbes. Partie 2

Pourquoi?	ทำไม?	tham-mai
pour une certaine raison	เพราะเหตุผลอะไร	phrór hàyt phŏn à-rai
parce que ...	เพราะว่า...	phrór wâa
pour une raison quelconque	ด้วยจุดประสงค์อะไร	dûay jùt bprà-sŏng a-rai
et (conj)	และ	láe
ou (conj)	หรือ	rĕu
mais (conj)	แต่	dtàe
pour ... (prep)	สำหรับ	săm-ràp
trop (adv)	เกินไป	gern bpai
seulement (adv)	เท่านั้น	thâo nán

| précisément (adv) | ตรง | dtrorng |
| près de … (prep) | ประมาณ | bprà-maan |

approximativement	ประมาณ	bprà-maan
approximatif (adj)	ประมาณ	bprà-maan
presque (adv)	เกือบ	gèuap
reste (m)	ที่เหลือ	thêe lěua

l'autre (adj)	อีก	èek
autre (adj)	อื่น	èun
chaque (adj)	ทุก	thúk
n'importe quel (adj)	ใดๆ	dai dai
beaucoup de (dénombr.)	หลาย	lǎai
beaucoup de (indénombr.)	มาก	mâak
plusieurs (pron)	หลายคน	lǎai khon
tous	ทุกๆ	thúk thúk

en échange de …	ที่จะเปลี่ยนเป็น	thêe jà bplìan bpen
en échange (adv)	แทน	thaen
à la main (adv)	ใช้มือ	chái meu
peu probable (adj)	แทบจะไม่	thâep jà mâi

probablement (adv)	อาจจะ	àat jà
exprès (adv)	โดยเจตนา	doi jàyt-dtà-naa
par accident (adv)	บังเอิญ	bang-ern

très (adv)	มาก	mâak
par exemple (adv)	ยกตัวอย่าง	yók dtua yàang
entre (prep)	ระหว่าง	rá-wàang
parmi (prep)	ทามกลาง	tâam-glaang
autant (adv)	มากมาย	mâak maai
surtout (adv)	โดยเฉพาะ	doi chà-phór

Concepts de base. Partie 2

16. Les contraires

riche (adj)	รวย	ruay
pauvre (adj)	จน	jon
malade (adj)	เจ็บป่วย	jèp bpùay
en bonne santé	สบายดี	sà-baai dee
grand (adj)	ใหญ่	yài
petit (adj)	เล็ก	lék
vite (adv)	อย่างเร็ว	yàang reo
lentement (adv)	อยางชา	yàang cháa
rapide (adj)	เร็ว	reo
lent (adj)	ชา	cháa
joyeux (adj)	ยินดี	yin dee
triste (adj)	เสียใจ	sĭa jai
ensemble (adv)	ด้วยกัน	dûay gan
séparément (adv)	ตางหาก	dtàang hàak
à haute voix	ออกเสียง	òrk sĭang
en silence	อยางเงียบๆ	yàang ngîap ngîap
haut (adj)	สูง	sŏong
bas (adj)	ตำ	dtàm
profond (adj)	ลึก	léuk
peu profond (adj)	ตื้น	dtêun
oui (adv)	ใช่	châi
non (adv)	ไม่ใช่	mâi châi
lointain (adj)	ไกล	glai
proche (adj)	ใกล	glâi
loin (adv)	ไกล	glai
près (adv)	ใกลๆ	glâi glâi
long (adj)	ยาว	yaao
court (adj)	สั้น	sân
bon (au bon cœur)	ใจดี	jai dee
méchant (adj)	เลวราย	leo ráai

marié (adj)	แต่งงานแล้ว	dtàeng ngaan láew
célibataire (adj)	เป็นโสด	bpen sòht
interdire (vt)	ห้าม	hâam
permettre (vt)	อนุญาต	a-nú-yâat
fin (f)	จบ	jòp
début (m)	จุดเริ่มต้น	jùt rêrm-dtôn
gauche (adj)	ซ้าย	sáai
droit (adj)	ขวา	khwǎa
premier (adj)	แรก	râek
dernier (adj)	สุดท้าย	sùt tháai
crime (m)	อาชญากรรม	àat-yaa-gam
punition (f)	การลงโทษ	gaan long thôht
ordonner (vt)	สั่ง	sàng
obéir (vt)	เชื่อฟัง	chêua fang
droit (adj)	ตรง	dtrorng
courbé (adj)	โค้ง	khóhng
paradis (m)	สวรรค์	sà-wǎn
enfer (m)	นรก	ná-rók
naître (vi)	เกิด	gèrt
mourir (vi)	ตาย	dtaai
fort (adj)	แข็งแรง	khǎeng raeng
faible (adj)	อ่อนแอ	òrn ae
vieux (adj)	แก่	gàe
jeune (adj)	หนุ่ม	nùm
vieux (adj)	เก่าแก่	gào gàe
neuf (adj)	ใหม่	mài
dur (adj)	แข็ง	khǎeng
mou (adj)	อ่อน	òrn
chaud (tiède)	อุ่น	ùn
froid (adj)	หนาว	nǎao
gros (adj)	อ้วน	ûan
maigre (adj)	ผอม	phǒrm
étroit (adj)	แคบ	khâep
large (adj)	กว้าง	gwâang
bon (adj)	ดี	dee
mauvais (adj)	ไม่ดี	mâi dee
vaillant (adj)	กล้าหาญ	glâa hǎan
peureux (adj)	ขี้ขลาด	khêe khlàat

17. Les jours de la semaine

lundi (m)	วันจันทร์	wan jan
mardi (m)	วันอังคาร	wan ang-khaan
mercredi (m)	วันพุธ	wan phút
jeudi (m)	วันพฤหัสบดี	wan phá-réu-hàt-sà-bor-dee
vendredi (m)	วันศุกร์	wan sùk
samedi (m)	วันเสาร์	wan săo
dimanche (m)	วันอาทิตย์	wan aa-thít
aujourd'hui (adv)	วันนี้	wan née
demain (adv)	พรุ่งนี้	phrûng-née
après-demain (adv)	วันมะรืนนี้	wan má-reun née
hier (adv)	เมื่อวานนี้	mêua waan née
avant-hier (adv)	เมื่อวานซืนนี้	mêua waan-seun née
jour (m)	วัน	wan
jour (m) ouvrable	วันทำงาน	wan tham ngaan
jour (m) férié	วันนักขัตฤกษ์	wan nák-khàt-rêrk
jour (m) de repos	วันหยุด	wan yùt
week-end (m)	วันสุดสัปดาห์	wan sùt sàp-daa
toute la journée	ทั้งวัน	tháng wan
le lendemain	วันรุ่งขึ้น	wan rûng khêun
il y a 2 jours	สองวันก่อน	sŏrng wan gòrn
la veille	วันก่อนหน้านี้	wan gòrn nâa née
quotidien (adj)	รายวัน	raai wan
tous les jours	ทุกวัน	thúk wan
semaine (f)	สัปดาห์	sàp-daa
la semaine dernière	สัปดาห์ก่อน	sàp-daa gòrn
la semaine prochaine	สัปดาห์หน้า	sàp-daa nâa
hebdomadaire (adj)	รายสัปดาห์	raai sàp-daa
chaque semaine	ทุกสัปดาห์	thúk sàp-daa
2 fois par semaine	สัปดาห์ละสองครั้ง	sàp-daa lá sŏrng khráng
tous les mardis	ทุกวันอังคาร	túk wan ang-khaan

18. Les heures. Le jour et la nuit

matin (m)	เช้า	cháo
le matin	ตอนเช้า	dtorn cháo
midi (m)	เที่ยงวัน	thîang wan
dans l'après-midi	ตอนบ่าย	dtorn bàai
soir (m)	เย็น	yen
le soir	ตอนเย็น	dtorn yen
nuit (f)	คืน	kheun
la nuit	กลางคืน	glaang kheun
minuit (f)	เที่ยงคืน	thîang kheun
seconde (f)	วินาที	wí-naa-thee
minute (f)	นาที	naa-thee
heure (f)	ชั่วโมง	chûa mohng

demi-heure (f)	ครึ่งชั่วโมง	khrêung chûa mohng
un quart d'heure	สิบห้านาที	sìp hâa naa-thee
quinze minutes	สิบห้านาที	sìp hâa naa-thee
vingt-quatre heures	24 ชั่วโมง	yêe sìp sèe · chûa mohng
lever (m) du soleil	พระอาทิตย์ขึ้น	phrá aa-thít khêun
aube (f)	ใกล้รุ่ง	glâi rûng
point (m) du jour	เช้า	cháo
coucher (m) du soleil	พระอาทิตย์ตก	phrá aa-thít dtòk
tôt le matin	ตอนเช้า	dtorn cháo
ce matin	เช้านี้	cháo née
demain matin	พรุ่งนี้เช้า	phrûng-née cháo
cet après-midi	บ่ายนี้	bàai née
dans l'après-midi	ตอนบ่าย	dtorn bàai
demain après-midi	พรุ่งนี้บ่าย	phrûng-née bàai
ce soir	คืนนี้	kheun née
demain soir	คืนพรุ่งนี้	kheun phrûng-née
à 3 heures précises	3 โมงตรง	sǎam mohng dtrorng
autour de 4 heures	ประมาณ 4 โมง	bprà-maan sèe mohng
vers midi	ภายใน 12 โมง	phaai nai sìp sǒng mohng
dans 20 minutes	อีก 20 นาที	èek yêe sìp naa-thee
dans une heure	อีกหนึ่งชั่วโมง	èek nèung chûa mohng
à temps	ทันเวลา	than way-laa
... moins le quart	อีกสิบห้านาที	èek sìp hâa naa-thee
en une heure	ภายในหนึ่งชั่วโมง	phaai nai nèung chûa mohng
tous les quarts d'heure	ทุก 15 นาที	thúk sìp hâa naa-thee
24 heures sur 24	ทั้งวัน	tháng wan

19. Les mois. Les saisons

janvier (m)	มกราคม	mók-gà-raa khom
février (m)	กุมภาพันธ์	gum-phaa phan
mars (m)	มีนาคม	mee-naa khom
avril (m)	เมษายน	may-sǎa-yon
mai (m)	พฤษภาคม	phréut-sà-phaa khom
juin (m)	มิถุนายน	mí-thù-naa-yon
juillet (m)	กรกฎาคม	gà-rá-gà-daa-khom
août (m)	สิงหาคม	sǐng hǎa khom
septembre (m)	กันยายน	gan-yaa-yon
octobre (m)	ตุลาคม	dtù-laa khom
novembre (m)	พฤศจิกายน	phréut-sà-jì-gaa-yon
décembre (m)	ธันวาคม	than-waa khom
printemps (m)	ฤดูใบไม้ผลิ	réu-doo bai máai phlì
au printemps	ฤดูใบไม้ผลิ	réu-doo bai máai phlì
de printemps (adj)	ฤดูใบไม้ผลิ	réu-doo bai máai phlì
été (m)	ฤดูร้อน	réu-doo rórn

en été	ฤดูร้อน	réu-doo rórn
d'été (adj)	ฤดูรอน	réu-doo rórn
automne (m)	ฤดูใบไม้ร่วง	réu-doo bai máai rûang
en automne	ฤดูใบไม้ร่วง	réu-doo bai máai rûang
d'automne (adj)	ฤดูใบไม้ร่วง	réu-doo bai máai rûang
hiver (m)	ฤดูหนาว	réu-doo năao
en hiver	ฤดูหนาว	réu-doo năao
d'hiver (adj)	ฤดูหนาว	réu-doo năao
mois (m)	เดือน	deuan
ce mois	เดือนนี้	deuan née
le mois prochain	เดือนหน้า	deuan nâa
le mois dernier	เดือนที่แล้ว	deuan thêe láew
il y a un mois	หนึ่งเดือนก่อนหน้านี้	nèung deuan gòrn nâa née
dans un mois	อีกหนึ่งเดือน	èek nèung deuan
dans 2 mois	อีกสองเดือน	èek sŏrng deuan
tout le mois	ทั้งเดือน	tháng deuan
tout un mois	ตลอดทั้งเดือน	dtà-lòrt tháng deuan
mensuel (adj)	รายเดือน	raai deuan
mensuellement	ทุกเดือน	thúk deuan
chaque mois	ทุกเดือน	thúk deuan
2 fois par mois	เดือนละสองครั้ง	deuan lá sŏrng kráng
année (f)	ปี	bpee
cette année	ปีนี้	bpee née
l'année prochaine	ปีหน้า	bpee nâa
l'année dernière	ปีที่แล้ว	bpee thêe láew
il y a un an	หนึ่งปีก่อน	nèung bpee gòrn
dans un an	อีกหนึ่งปี	èek nèung bpee
dans 2 ans	อีกสองปี	èek sŏng bpee
toute l'année	ทั้งปี	tháng bpee
toute une année	ตลอดทั้งปี	dtà-lòrt tháng bpee
chaque année	ทุกปี	thúk bpee
annuel (adj)	รายปี	raai bpee
annuellement	ทุกปี	thúk bpee
4 fois par an	ปีละสี่ครั้ง	bpee lá sèe khráng
date (f) (jour du mois)	วันที่	wan thêe
date (f) (~ mémorable)	วันเดือนปี	wan deuan bpee
calendrier (m)	ปฏิทิน	bpà-dtì-thin
six mois	ครึ่งปี	khrêung bpee
semestre (m)	หกเดือน	hòk deuan
saison (f)	ฤดูกาล	réu-doo gaan
siècle (m)	ศตวรรษ	sà-dtà-wát

20. La notion de temps. Divers

temps (m)	เวลา	way-laa
moment (m)	ครู่หนึ่ง	khrôo nèung

instant (m)	ครู่เดียว	khrôo dieow
instantané (adj)	เพียงครู่เดียว	phiang khrôo dieow
laps (m) de temps	ช่วงเวลา	chûang way-laa
vie (f)	ชีวิต	chee-wít
éternité (f)	ตลอดกาล	dtà-lòrt gaan

époque (f)	สมัย	sà-măi
ère (f)	ยุค	yúk
cycle (m)	วัฏจักร	wát-dtà-jàk
période (f)	ช่วง	chûang
délai (m)	ระยะเวลา	rá-yá way-laa

avenir (m)	อนาคต	a-naa-khót
prochain (adj)	อนาคตู	a-naa-khót
la fois prochaine	ครั้งหน้า	khráng nâa
passé (m)	อดีต	a-dèet
passé (adj)	ที่ผ่านมา	thêe phàan maa
la fois passée	ครั้งที่แล้ว	khráng thêe láew
plus tard (adv)	ภายหลัง	phaai lăng
après (prep)	หลังจาก	lăng jàak
à présent (adv)	เวลานี้	way-laa née
maintenant (adv)	ตอนนี้	dtorn-née
immédiatement	ทันที	than thee
bientôt (adv)	อีกไม่นาน	èek mâi naan
d'avance (adv)	ล่วงหน้า	lûang nâa

il y a longtemps	นานมาแล้ว	naan maa láew
récemment (adv)	เมื่อเร็ว ๆ นี้	mêua reo reo née
destin (m)	ชะตากรรม	chá-dtaa gam
souvenirs (m pl)	ความทรงจำ	khwaam song jam
archives (f pl)	จดหมายเหตุ	jòt măai hàyt
pendant … (prep)	ระหว่าง…	rá-wàang…
longtemps (adv)	นาน	naan
pas longtemps (adv)	ไม่นาน	mâi naan
tôt (adv)	ล่วงหน้า	lûang nâa
tard (adv)	ช้า	cháa

pour toujours (adv)	ตลอดกาล	dtà-lòrt gaan
commencer (vt)	เริ่ม	rêrm
reporter (retarder)	เลื่อน	lêuan

en même temps (adv)	ในเวลาเดียวกัน	nai way-laa dieow gan
en permanence (adv)	อย่างถาวร	yàang thă-won
constant (bruit, etc.)	ต่อเนื่อง	dtòr nêuang
temporaire (adj)	ชั่วคราว	chûa khraao

parfois (adv)	บางครั้ง	baang khráng
rarement (adv)	ไม่บ่อย	mâi bòi
souvent (adv)	บ่อย	bòi

21. Les lignes et les formes

carré (m)	สี่เหลี่ยมจัตุรัส	sèe lìam jàt-dtù-ràt
carré (adj)	สี่เหลี่ยมจัตุรัส	sèe lìam jàt-dtù-ràt

cercle (m)	วงกลม	wong glom
rond (adj)	กลม	glom
triangle (m)	รูปสามเหลี่ยม	rôop săam lìam
triangulaire (adj)	สามเหลี่ยม	săam lìam
ovale (m)	รูปกลมรี	rôop glom ree
ovale (adj)	กลมรี	glom ree
rectangle (m)	สี่เหลี่ยมมุมฉาก	sèe lìam mum chàak
rectangulaire (adj)	สี่เหลี่ยมมุมฉาก	sèe lìam mum chàak
pyramide (f)	พีระมิด	phee-rá-mít
losange (m)	รูปสี่เหลี่ยมขนมเปียกปูน	rôop sèe lìam khà-nŏm bpìak bpoon
trapèze (m)	รูปสี่เหลี่ยมคางหมู	rôop sèe lìam khaang mŏo
cube (m)	ลูกบาศก์	lôok bàat
prisme (m)	ปริซึม	bprì seum
circonférence (f)	เส้นรอบวง	sên rôrp wong
sphère (f)	ทรงกลม	song glom
globe (m)	ลูกกลม	lôok glom
diamètre (m)	เส้นผ่านศูนย์กลาง	sên phàan sŏon-glaang
rayon (m)	เส้นรัศมี	sên rát-sà-mĕe
périmètre (m)	เส้นรอบวง	sên rôrp wong
centre (m)	กลาง	glaang
horizontal (adj)	แนวนอน	naew norn
vertical (adj)	แนวตั้ง	naew dtâng
parallèle (f)	เส้นขนาน	sên khà-năan
parallèle (adj)	ขนาน	khà-năan
ligne (f)	เส้น	sên
trait (m)	เส้น	sên
ligne (f) droite	เส้นตรง	sên dtrorng
courbe (f)	เส้นโค้ง	sên khóhng
fin (une ~ ligne)	บาง	baang
contour (m)	เส้นขอบ	sâyn khòrp
intersection (f)	เส้นตัด	sên dtàt
angle (m) droit	มุมฉาก	mum chàak
segment (m)	เซกเมนต์	sâyk-mayn
secteur (m)	เซกเตอร์	sâyk-dtêr
côté (m)	ข้าง	khâang
angle (m)	มุม	mum

22. Les unités de mesure

poids (m)	น้ำหนัก	nám nàk
longueur (f)	ความยาว	khwaam yaao
largeur (f)	ความกว้าง	khwaam gwâang
hauteur (f)	ความสูง	khwaam sŏong
profondeur (f)	ความลึก	khwaam léuk
volume (m)	ปริมาณ	bpà-rí-maan
aire (f)	บริเวณ	bor-rí-wayn
gramme (m)	กรัม	gram

milligramme (m)	มิลลิกรัม	min-lí gram
kilogramme (m)	กิโลกรัม	gì-loh gram
tonne (f)	ตัน	dtan
livre (f)	ปอนด์	bporn
once (f)	ออนซ์	orn

mètre (m)	เมตร	máyt
millimètre (m)	มิลลิเมตร	min-lí mâyt
centimètre (m)	เซ็นติเมตร	sen dtì mâyt
kilomètre (m)	กิโลเมตร	gì-loh máyt
mille (m)	ไมล์	mai

pouce (m)	นิ้ว	níw
pied (m)	ฟุต	fút
yard (m)	หลา	lăa

| mètre (m) carré | ตารางเมตร | dtaa-raang máyt |
| hectare (m) | เฮกตาร์ | hêek dtaa |

litre (m)	ลิตร	lít
degré (m)	องศา	ong-săa
volt (m)	โวลต์	wohn
ampère (m)	แอมแปร์	aem-bpae
cheval-vapeur (m)	แรงม้า	raeng máa

quantité (f)	จำนวน	jam-nuan
un peu de ...	นิดหน่อย	nít nói
moitié (f)	ครึ่ง	khrêung
douzaine (f)	โหล	lŏh
pièce (f)	ส่วน	sùan

| dimension (f) | ขนาด | khà-nàat |
| échelle (f) (de la carte) | มาตราส่วน | mâat-dtraa sùan |

minimal (adj)	น้อยที่สุด	nói thêe sùt
le plus petit (adj)	เล็กที่สุด	lék thêe sùt
moyen (adj)	กลาง	glaang
maximal (adj)	สูงสุด	sŏong sùt
le plus grand (adj)	ใหญ่ที่สุด	yài têe sùt

23. Les récipients

bocal (m) en verre	ขวดโหล	khùat lŏh
boîte, canette (f)	กระป๋อง	grà-bpŏrng
seau (m)	ถัง	thăng
tonneau (m)	ถัง	thăng

bassine, cuvette (f)	กะทะ	gà-thá
cuve (f)	ถังเก็บน้ำ	thăng gèp nám
flasque (f)	กระติกน้ำ	grà-dtìk nám
jerrican (m)	ภาชนะ	phaa-chá-ná
citerne (f)	ถังบรรจุ	thăng ban-jù
tasse (f), mug (m)	แก้ว	gâew
tasse (f)	ถ้วย	thûay

soucoupe (f)	จานรอง	jaan rorng
verre (m) (~ d'eau)	แก้ว	gâew
verre (m) à vin	แก้วไวน์	gâew wai
faitout (m)	หม้อ	môr
bouteille (f)	ขวด	khùat
goulot (m)	ปาก	bpàak
carafe (f)	คนโท	khon-thoh
pichet (m)	เหยือก	yèuak
récipient (m)	ภาชนะ	phaa-chá-ná
pot (m)	หม้อ	môr
vase (m)	แจกัน	jae-gan
flacon (m)	กระติก	grà-dtìk
fiole (f)	ขวดเล็ก	khùat lék
tube (m)	หลอด	lòrt
sac (m) (grand ~)	ถุง	thŭng
sac (m) (~ en plastique)	ถุง	thŭng
paquet (m) (~ de cigarettes)	ซอง	sorng
boîte (f)	กล่อง	glòrng
caisse (f)	ลัง	lang
panier (m)	ตะกร้า	dtà-grâa

24. Les matériaux

matériau (m)	วัสดุ	wát-sà-dù
bois (m)	ไม้	máai
en bois (adj)	ไม้	máai
verre (m)	แก้ว	gâew
en verre (adj)	แกว	gâew
pierre (f)	หิน	hĭn
en pierre (adj)	หิน	hĭn
plastique (m)	พลาสติก	pláat-dtìk
en plastique (adj)	พลาสติก	pláat-dtìk
caoutchouc (m)	ยาง	yaang
en caoutchouc (adj)	ยาง	yaang
tissu (m)	ผ้า	phâa
en tissu (adj)	ผา	phâa
papier (m)	กระดาษ	grà-dàat
de papier (adj)	กระดาษ	grà-dàat
carton (m)	กระดาษแข็ง	grà-dàat khăeng
en carton (adj)	กระดาษแข็ง	grà-dàat khăeng
polyéthylène (m)	โพลีเอทิลีน	phoh-lee-ay-thí-leen
cellophane (f)	เซลโลเฟน	sayn loh-fayn

linoléum (m)	เสื่อน้ำมัน	sèua náam man
contreplaqué (m)	ไม้อัด	máai àt
porcelaine (f)	เครื่องเคลือบดินเผา	khrêuang khlêuap din phǎo
de porcelaine (adj)	เครื่องเคลือบดินเผา	khrêuang khlêuap din phǎo
argile (f)	ดินเหนียว	din nǐeow
de terre cuite (adj)	ดินเหนียว	din nǐeow
céramique (f)	เซรามิก	say-raa mík
en céramique (adj)	เซรามิก	say-raa mík

25. Les métaux

métal (m)	โลหะ	loh-hà
métallique (adj)	โลหะ	loh-hà
alliage (m)	โลหะสัมฤทธิ์	loh-hà sǎm-rít
or (m)	ทอง	thorng
en or (adj)	ทอง	thorng
argent (m)	เงิน	ngern
en argent (adj)	เงิน	ngern
fer (m)	เหล็ก	lèk
en fer (adj)	เหล็ก	lèk
acier (m)	เหล็กกล้า	lèk glâa
en acier (adj)	เหล็กกลา	lèk glâa
cuivre (m)	ทองแดง	thorng daeng
en cuivre (adj)	ทองแดง	thorng daeng
aluminium (m)	อะลูมิเนียม	a-loo-mí-niam
en aluminium (adj)	อะลูมิเนียม	a-loo-mí-niam
bronze (m)	ทองบรอนซ์	thorng-bron
en bronze (adj)	ทองบรอนซ์	thorng-bron
laiton (m)	ทองเหลือง	thorng lěuang
nickel (m)	นิกเกิล	ník-gêrn
platine (f)	ทองคำขาว	thorng kham khǎao
mercure (m)	ปรอท	bpa -ròrt
étain (m)	ดีบุก	dee-bùk
plomb (m)	ตะกั่ว	dtà-gùa
zinc (m)	สังกะสี	sǎng-gà-sěe

L'HOMME

L'homme. Le corps humain

26. L'homme. Notions fondamentales

être (m) humain	มนุษย์	má-nút
homme (m)	ผู้ชาย	phôo chaai
femme (f)	ผู้หญิง	phôo yĭng
enfant (m, f)	เด็ก, ลูก	dèk, lôok
fille (f)	เด็กผู้หญิง	dèk phôo yĭng
garçon (m)	เด็กผู้ชาย	dèk phôo chaai
adolescent (m)	วัยรุ่น	wai rûn
vieillard (m)	ชายชรา	chaai chá-raa
vieille femme (f)	หญิงชรา	yĭng chá-raa

27. L'anatomie humaine

organisme (m)	ร่างกาย	râang gaai
cœur (m)	หัวใจ	hŭa jai
sang (m)	เลือด	lêuat
artère (f)	เส้นเลือดแดง	sâyn lêuat daeng
veine (f)	เส้นเลือดดำ	sâyn lêuat dam
cerveau (m)	สมอง	sà-mŏrng
nerf (m)	เส้นประสาท	sên bprà-sàat
nerfs (m pl)	เส้นประสาท	sên bprà-sàat
vertèbre (f)	กระดูกสันหลัง	grà-dòok săn-lăng
colonne (f) vertébrale	สันหลัง	săn lăng
estomac (m)	กระเพาะอาหาร	grà phór aa-hăan
intestins (m pl)	ลำไส้	lam sâi
intestin (m)	ลำไส้	lam sâi
foie (m)	ตับ	dtàp
rein (m)	ไต	dtai
os (m)	กระดูก	grà-dòok
squelette (f)	โครงกระดูก	khrohng grà-dòok
côte (f)	ซี่โครง	sêe khrohng
crâne (m)	กะโหลก	gà-lòhk
muscle (m)	กล้ามเนื้อ	glâam néua
biceps (m)	กล้ามเนื้อไบเซ็ปส์	glâam néua bai-sép
triceps (m)	กล้ามเนื้อไทรเซปส์	gglâam néua thrai-sâyp
tendon (m)	เส้นเอ็น	sâyn en
articulation (f)	ข้อต่อ	khôr dtòr

poumons (m pl)	ปอด	bpòrt
organes (m pl) génitaux	อวัยวะเพศ	a-wai-wá phâyt
peau (f)	ผิวหนัง	phǐw nǎng

28. La téte

tête (f)	หัว	hǔa
visage (m)	หน้า	nâa
nez (m)	จมูก	jà-mòok
bouche (f)	ปาก	bpàak

œil (m)	ตา	dtaa
les yeux	ตา	dtaa
pupille (f)	รูม่านตา	roo mâan dtaa
sourcil (m)	คิ้ว	khíw
cil (m)	ขนตา	khǒn dtaa
paupière (f)	เปลือกตา	bplèuak dtaa

langue (f)	ลิ้น	lín
dent (f)	ฟัน	fan
lèvres (f pl)	ริมฝีปาก	rim fěe bpàak
pommettes (f pl)	โหนกแก้ม	nòhk gâem
gencive (f)	เหงือก	ngèuak
palais (m)	เพดานปาก	phay-daan bpàak

narines (f pl)	รูจมูก	roo jà-mòok
menton (m)	คาง	khaang
mâchoire (f)	ขากรรไกร	khǎa gan-grai
joue (f)	แก้ม	gâem

front (m)	หน้าผาก	nâa phàak
tempe (f)	ขมับ	khà-màp
oreille (f)	หู	hǒo
nuque (f)	หลังศรีษะ	lǎng sěe-sà
cou (m)	คอ	khor
gorge (f)	ลำคอ	lam khor

cheveux (m pl)	ผม	phǒm
coiffure (f)	ทรงผม	song phǒm
coupe (f)	ทรงผม	song phǒm
perruque (f)	ผมปลอม	phǒm bplorm

moustache (f)	หนวด	nùat
barbe (f)	เครา	krao
porter (~ la barbe)	ลองไว้	lorng wái
tresse (f)	ผมเปีย	phǒm bpia
favoris (m pl)	จอน	jorn

roux (adj)	ผมแดง	phǒm daeng
gris, grisonnant (adj)	ผมหงอก	phǒm ngòrk
chauve (adj)	หัวล้าน	hǔa láan
calvitie (f)	หัวล้าน	hǔa láan
queue (f) de cheval	ผมทรงหางม้า	phǒm song hǎang máa
frange (f)	ผมม้า	phǒm máa

29. Le corps humain

main (f)	มือ	meu
bras (m)	แขน	khǎen

doigt (m)	นิ้ว	níw
orteil (m)	นิ้วเท้า	níw tháo
pouce (m)	นิ้วโป้ง	níw bpôhng
petit doigt (m)	นิ้วก้อย	níw gôi
ongle (m)	เล็บ	lép

poing (m)	กำปั้น	gam bpân
paume (f)	ฝ่ามือ	fàa meu
poignet (m)	ข้อมือ	khôr meu
avant-bras (m)	แขนช่วงล่าง	khǎen chûang lâang
coude (m)	ข้อศอก	khôr sòrk
épaule (f)	ไหล่	lài

jambe (f)	ขา	khǎa
pied (m)	เท้า	tháo
genou (m)	หัวเข่า	hǔa khào
mollet (m)	น่อง	nôrng
hanche (f)	สะโพก	sà-phôhk
talon (m)	สันเท้า	sôn tháo

corps (m)	ร่างกาย	râang gaai
ventre (m)	ท้อง	thórng
poitrine (f)	อก	òk
sein (m)	หน้าอก	nâa òk
côté (m)	ข้าง	khâang
dos (m)	หลัง	lǎng
reins (région lombaire)	หลังส่วนล่าง	lǎng sùan lâang
taille (f) (~ de guêpe)	เอว	eo

nombril (m)	สะดือ	sà-deu
fesses (f pl)	ก้น	gôn
derrière (m)	ก้น	gôn

grain (m) de beauté	ไฝเสน่ห์	fǎi sà-này
tache (f) de vin	ปาน	bpaan
tatouage (m)	รอยสัก	roi sàk
cicatrice (f)	แผลเป็น	phlǎe bpen

Les vêtements & les accessoires

30. Les vêtements d'extérieur

vêtement (m)	เสื้อผ้า	sêua phâa
survêtement (m)	เสื้อนอก	sêua nôk
vêtement (m) d'hiver	เสื้อกันหนาว	sêua gan năao
manteau (m)	เสื้อโค้ท	sêua khóht
manteau (m) de fourrure	เสื้อโค้ทขนสัตว์	sêua khóht khŏn sàt
veste (f) de fourrure	แจคเก็ตขนสัตว์	jáek-gèt khŏn sàt
manteau (m) de duvet	แจ็คเก็ตกันหนาว	jàek-gèt gan năao
veste (f) (~ en cuir)	แจ๊คเก็ต	jáek-gèt
imperméable (m)	เสื้อกันฝน	sêua gan fŏn
imperméable (adj)	ซึ่งกันน้ำได้	sêung gan náam dâai

31. Les vêtements

chemise (f)	เสื้อ	sêua
pantalon (m)	กางเกง	gaang-gayng
jean (m)	กางเกงยีนส์	gaang-gayng yeen
veston (m)	แจ็คเก็ตสูท	jàek-gèt sòot
complet (m)	ชุดสูท	chút sòot
robe (f)	ชุดเดรส	chút draet
jupe (f)	กระโปรง	grà bprohng
chemisette (f)	เสื้อ	sêua
veste (f) en laine	แจ๊คเก็ตถัก	jáek-gèt thàk
jaquette (f), blazer (m)	แจคเก็ต	jáek-gèt
tee-shirt (m)	เสื้อยืด	sêua yêut
short (m)	กางเกงขาสั้น	gaang-gayng khăa sân
costume (m) de sport	ชุดวอรม	chút wom
peignoir (m) de bain	เสื้อคลุมอาบน้ำ	sêua khlum àap náam
pyjama (m)	ชุดนอน	chút norn
chandail (m)	เสื้อไหมพรม	sêua măi phrom
pull-over (m)	เสื้อกันหนาวแบบสวม	sêua gan năao bàep sŭam
gilet (m)	เสื้อกั๊ก	sêua gák
queue-de-pie (f)	เสื้อเทลโค้ต	sêua thayn-khóht
smoking (m)	ชุดทักซิโด้	chút thák sí dôh
uniforme (m)	เครื่องแบบ	khrêuang bàep
tenue (f) de travail	ชุดทำงาน	chút tam ngaan
salopette (f)	ชุดเอี๊ยม	chút íam
blouse (f) (d'un médecin)	เสื้อคลุม	sêua khlum

32. Les sous-vêtements

sous-vêtements (m pl)	ชุดชั้นใน	chút chán nai
boxer (m)	กางเกงในชาย	gaang-gayng nai chaai
slip (m) de femme	กางเกงในสตรี	gaang-gayng nai sàt-dtree
maillot (m) de corps	เสื้อชั้นใน	sêua chán nai
chaussettes (f pl)	ถุงเท้า	thǔng tháo
chemise (f) de nuit	ชุดนอนสตรี	chút norn sàt-dtree
soutien-gorge (m)	ยกทรง	yók song
chaussettes (f pl) hautes	ถุงเท้ายาว	thǔng tháo yaao
collants (m pl)	ถุงน่องเต็มตัว	thǔng nôrng dtem dtua
bas (m pl)	ถุงน่อง	thǔng nôrng
maillot (m) de bain	ชุดว่ายน้ำ	chút wâai náam

33. Les chapeaux

chapeau (m)	หมวก	mùak
chapeau (m) feutre	หมวก	mùak
casquette (f) de base-ball	หมวกเบสบอล	mùak bàyt-bon
casquette (f)	หมวกติงลี่	mùak dting lêe
béret (m)	หูมวกเบเร่ต์	mùak bay-rây
capuche (f)	ฮูด	hóot
panama (m)	หมวกปานามา	mùak bpaa-naa-maa
bonnet (m) de laine	หมวกไหมพรม	mùak mǎi phrom
foulard (m)	ผ้าโพกศีรษะ	phâa phôhk sěe-sà
chapeau (m) de femme	หมวกสตรี	mùak sàt-dtree
casque (m) (d'ouvriers)	หมวกนิรภัย	mùak ní-rá-phai
calot (m)	หมวกหนีบ	mùak nèep
casque (m) (~ de moto)	หมวกกันน็อค	mùak ní-rá-phai
melon (m)	หมวกกลมทรงสูง	mùak glom song sǒong
haut-de-forme (m)	หมวกทรงสูง	mùak song sǒong

34. Les chaussures

chaussures (f pl)	รองเท้า	rorng tháo
bottines (f pl)	รองเท้า	rorng tháo
souliers (m pl) (~ plats)	รองเท้า	rorng tháo
bottes (f pl)	รองเท้าบูท	rorng tháo bòot
chaussons (m pl)	รองเท้าแตะในบ้าน	rorng tháo dtàe nai bâan
tennis (m pl)	รองเท้ากีฬา	rorng tháo gee-laa
baskets (f pl)	รองเท้าผ้าใบ	rorng tháo phâa bai
sandales (f pl)	รองเท้าแตะ	rorng tháo dtàe
cordonnier (m)	คนซ่อมรองเท้า	khon sôrm rorng tháo
talon (m)	สนรองเท้า	sôn rorng tháo

paire (f)	คู่	khôo
lacet (m)	เชือกรองเท้า	chêuak rorng tháo
lacer (vt)	ผูกเชือกรองเท้า	phòok chêuak rorng tháo
chausse-pied (m)	ที่ชอนรองเท้า	thêe chón rorng tháo
cirage (m)	ยาขัดรองเท้า	yaa khàt rorng tháo

35. Le textile. Les tissus

coton (m)	ฝ้าย	fâai
de coton (adj)	ฝ้าย	fâai
lin (m)	แฟลกซ์	fláek
de lin (adj)	แฟลกซ์	fláek
soie (f)	ไหม	măi
de soie (adj)	ไหม	măi
laine (f)	ขนสัตว์	khŏn sàt
en laine (adj)	ขนสัตว์	khŏn sàt
velours (m)	กำมะหยี่	gam-má-yèe
chamois (m)	หนังกลับ	năng glàp
velours (m) côtelé	ผ้าลูกฟูก	phâa lôok fôok
nylon (m)	ไนลอน	nai-lorn
en nylon (adj)	ไนลอน	nai-lorn
polyester (m)	โพลีเอสเตอร์	poh-lee-àyt-dtêr
en polyester (adj)	โพลีเอสเตอร์	poh-lee-àyt-dtêr
cuir (m)	หนัง	năng
en cuir (adj)	หนัง	năng
fourrure (f)	ขนสัตว์	khŏn sàt
en fourrure (adj)	ขนสัตว์	khŏn sàt

36. Les accessoires personnels

gants (m pl)	ถุงมือ	thŭng meu
moufles (f pl)	ถุงมือ	thŭng meu
écharpe (f)	ผ้าพันคอ	phâa phan khor
lunettes (f pl)	แว่นตา	wâen dtaa
monture (f)	กรอบแว่น	gròrp wâen
parapluie (m)	ร่ม	rôm
canne (f)	ไม้เท้า	máai tháo
brosse (f) â cheveux	แปรงหวีผม	bpraeng wĕe phŏm
éventail (m)	พัด	phát
cravate (f)	เนคไท	nâyk-thai
nœud papillon (m)	โบว์หูกระต่าย	boh hŏo grà-dtàai
bretelles (f pl)	สายเอี่ยม	săai íam
mouchoir (m)	ผ้าเช็ดหน้า	phâa chét-nâa
peigne (m)	หวี	wĕe
barrette (f)	ที่หนีบผม	têe nèep phŏm

| épingle (f) â cheveux | กิ๊บ | gíp |
| boucle (f) | หัวเข็มขัด | hŭa khĕm khàt |

| ceinture (f) | เข็มขัด | khĕm khàt |
| bandoulière (f) | สายกระเป๋า | săai grà-bpăo |

sac (m)	กระเป๋า	grà-bpăo
sac (m) â main	กระเป๋าถือ	grà-bpăo thĕu
sac (m) â dos	กระเป๋าสะพายหลัง	grà-bpăo sà-phaai lăng

37. Les vêtements. Divers

mode (f)	แฟชั่น	fae-chân
â la mode (adj)	คานิยม	khâa ní-yom
couturier, créateur de mode	นักออกแบบแฟชั่น	nák òrk bàep fae-chân

col (m)	คอปกเสื้อ	khor bpòk sêua
poche (f)	กระเป๋า	grà-bpăo
de poche (adj)	กระเป๋า	grà-bpăo
manche (f)	แขนเสื้อ	khăen sêua
bride (f)	ที่แขวนเสื้อ	thêe khwăen sêua
braguette (f)	ซิปกางเกง	síp gaang-gayng

fermeture (f) â glissière	ซิป	síp
agrafe (f)	ซิป	síp
bouton (m)	กระดุม	grà dum
boutonnière (f)	รูกระดุม	roo grà dum
s'arracher (bouton)	หลุดออก	lùt òrk

coudre (vi, vt)	เย็บ	yép
broder (vt)	ปัก	bpàk
broderie (f)	ลายปัก	laai bpàk
aiguille (f)	เข็มเย็บผ้า	khĕm yép phâa
fil (m)	เส้นด้าย	sây-dâai
couture (f)	รอยเย็บ	roi yép

se salir (vp)	สกปรก	sòk-gà-bpròk
tache (f)	รอยเปื้อน	roi bpêuan
se froisser (vp)	พับเป็นรอยยน	pháp bpen roi yôn
déchirer (vt)	ฉีก	chèek
mite (f)	แมลงกินผ้า	má-laeng gin phâa

38. L'hygiène corporelle. Les cosmétiques

dentifrice (m)	ยาสีฟัน	yaa sĕe fan
brosse (f) â dents	แปรงสีฟัน	bpraeng sĕe fan
se brosser les dents	แปรงฟัน	bpraeng fan

rasoir (m)	มีดโกน	mêet gohn
crème (f) â raser	ครีมโกนหนวด	khreem gohn nùat
se raser (vp)	โกน	gohn
savon (m)	สบู่	sà-bòo

shampooing (m)	แชมพู	chaem-phoo
ciseaux (m pl)	กรรไกร	gan-grai
lime (f) à ongles	ตะไบเล็บ	dtà-bai lép
pinces (f pl) à ongles	กรรไกรตัดเล็บ	gan-grai dtàt lép
pince (f) à épiler	แหนบ	nàep
produits (m pl) de beauté	เครื่องสำอาง	khrêuang săm-aang
masque (m) de beauté	มาสกหน้า	mâak nâa
manucure (f)	การแตงเล็บ	gaan dtàeng lép
se faire les ongles	แตงเล็บ	dtàeng lép
pédicurie (f)	การแตงเล็บเท้า	gaan dtàeng lép táo
trousse (f) de toilette	กระเป๋าเครื่องสำอาง	grà-bpăo khrêuang săm-aang
poudre (f)	แปงฝุน	bpâeng-fùn
poudrier (m)	ตลับแปง	dtà-làp bpâeng
fard (m) à joues	แปงทาแกม	bpâeng thaa gâem
parfum (m)	น้ำหอม	nám hŏrm
eau (f) de toilette	น้ำหอมออนๆ	náam hŏrm òn òn
lotion (f)	โลชั่น	loh-chân
eau de Cologne (f)	โคโลญจ์	khoh-lohn
fard (m) à paupières	อายแชโดว์	aai-chae-doh
crayon (m) à paupières	อายไลเนอร์	aai lai-ner
mascara (m)	มาสคารา	mâat-khaa-râa
rouge (m) à lèvres	ลิปสติก	líp-sà-dtìk
vernis (m) à ongles	น้ำยาทาเล็บ	nám yaa-thaa lép
laque (f) pour les cheveux	สเปรยฉีดผม	sà-bpray chèet phŏm
déodorant (m)	ยาดับกลิ่น	yaa dàp glìn
crème (f)	ครีม	khreem
crème (f) pour le visage	ครีมทาหน้า	khreem thaa nâa
crème (f) pour les mains	ครีมทามือ	khreem thaa meu
crème (f) anti-rides	ครีมลดริ้วรอย	khreem lót ríw roi
crème (f) de jour	ครีมกลางวัน	khreem klaang wan
crème (f) de nuit	ครีมกลางคืน	khreem klaang kheun
de jour (adj)	กลางวัน	glaang wan
de nuit (adj)	กลางคืน	glaang kheun
tampon (m)	ผ้าอนามัยแบบสอด	phâa a-naa-mai bàep sòrt
papier (m) de toilette	กระดาษชำระ	grà-dàat cham-rá
sèche-cheveux (m)	เครื่องเป่าผม	khrêuang bpào phŏm

39. Les bijoux. La bijouterie

bijoux (m pl)	เครื่องเพชรพลอย	khrêuang phét phloi
précieux (adj)	เพชรพลอย	phét phloi
poinçon (m)	ตราฮอลมาร์ค	dtraa hon-mâak
bague (f)	แหวน	wăen
alliance (f)	แหวนแตงงาน	wăen dtàeng ngaan
bracelet (m)	กำไลขอมือ	gam-lai khôr meu
boucles (f pl) d'oreille	ตุมหู	dtûm hŏo

collier (m) (de perles)	สร้อยคอ	sôi khor
couronne (f)	มงกุฎ	mong-gùt
collier (m) (en verre, etc.)	สรอยคอลูกปัด	sôi khor lôok bpàt

diamant (m)	เพชร	phét
émeraude (f)	มรกต	mor-rá-gòt
rubis (m)	พลอยสีทับทิม	phloi sěe tháp-thim
saphir (m)	ไพลิน	phai-lin
perle (f)	ไข่มุก	khài múk
ambre (m)	อำพัน	am phan

40. Les montres. Les horloges

montre (f)	นาฬิกา	naa-lí-gaa
cadran (m)	หน้าปัด	nâa bpàt
aiguille (f)	เข็ม	khěm
bracelet (m)	สายนาฬิกาข้อมือ	sǎai naa-lí-gaa khôr meu
bracelet (m) (en cuir)	สายรัดข้อมือ	sǎai rát khôr meu

pile (f)	แบตเตอรี่	bàet-dter-rêe
être déchargé	หมด	mòt
changer de pile	เปลี่ยนแบตเตอรี่	bplìan bàet-dter-rêe
avancer (vi)	เดินเร็วเกินไป	dern reo gern bpai
retarder (vi)	เดินช้า	dern cháa

pendule (f)	นาฬิกาแขวนผนัง	naa-lí-gaa khwǎen phà-nǎng
sablier (m)	นาฬิกาทราย	naa-lí-gaa saai
cadran (m) solaire	นาฬิกาแดด	naa-lí-gaa dàet
réveil (m)	นาฬิกาปลุก	naa-lí-gaa bplùk
horloger (m)	ช่างซ่อมนาฬิกา	châang sôrm naa-lí-gaa
réparer (vt)	ซ่อม	sôrm

Les aliments. L'alimentation

41. Les aliments

viande (f)	เนื้อ	néua
poulet (m)	ไก่	gài
poulet (m) (poussin)	เนื้อลูกไก่	néua lôok gài
canard (m)	เป็ด	bpèt
oie (f)	หาน	hàan
gibier (m)	สัตว์ที่ล่า	sàt thêe lâa
dinde (f)	ไก่งวง	gài nguang

du porc	เนื้อหมู	néua mǒo
du veau	เนื้อลูกวัว	néua lôok wua
du mouton	เนื้อแกะ	néua gàe
du bœuf	เนื้อวัว	néua wua
lapin (m)	เนื้อกระต่าย	néua grà-dtàai

saucisson (m)	ไส้กรอก	sâi gròrk
saucisse (f)	ไส้กรอกเวียนนา	sâi gròrk wian-naa
bacon (m)	หมูเบคอน	mǒo bay-khorn
jambon (m)	แฮม	haem
cuisse (f)	แฮมแกมมอน	haem gaem-morn

pâté (m)	ปาเต	bpaa dtay
foie (m)	ตับ	dtàp
farce (f)	เนื้อสับ	néua sàp
langue (f)	ลิ้น	lín

œuf (m)	ไข่	khài
les œufs	ไข่	khài
blanc (m) d'œuf	ไข่ขาว	khài khǎao
jaune (m) d'œuf	ไข่แดง	khài daeng

poisson (m)	ปลา	bplaa
fruits (m pl) de mer	อาหารทะเล	aa hǎan thá-lay
crustacés (m pl)	สัตว์พวกกุ้งกั้งปู	sàt phûak gûng gâng bpoo
caviar (m)	ไข่ปลา	khài-bplaa

crabe (m)	ปู	bpoo
crevette (f)	กุ้ง	gûng
huître (f)	หอยนางรม	hǒi naang rom
langoustine (f)	กุ้งมังกร	gûng mang-gon
poulpe (m)	ปลาหมึก	bplaa mèuk
calamar (m)	ปลาหมึกกล้วย	bplaa mèuk-glûay

esturgeon (m)	ปลาสเตอร์เจียน	bpláa sà-dtêr jian
saumon (m)	ปลาแซลมอน	bplaa saen-morn
flétan (m)	ปลาตาเดียว	bplaa dtaa-dieow
morue (f)	ปลาค็อด	bplaa khót

maquereau (m)	ปลาแม็คเคอเร็ล	bplaa máek-kay-a-rěn
thon (m)	ปลาทูน่า	bplaa thoo-nâa
anguille (f)	ปลาไหล	bplaa lǎi

truite (f)	ปลาเทราท์	bplaa thrau
sardine (f)	ปลาซาร์ดีน	bplaa saa-deen
brochet (m)	ปลาไพค์	bplaa phai
hareng (m)	ปลาเฮอร์ริง	bplaa her-ring

pain (m)	ขนมปัง	khà-nǒm bpang
fromage (m)	เนยแข็ง	noie khǎeng
sucre (m)	น้ำตาล	nám dtaan
sel (m)	เกลือ	gleua

riz (m)	ข้าว	khâao
pâtes (m pl)	พาสต้า	phâat-dtâa
nouilles (f pl)	กวยเตี๋ยว	gǔay-dtǐeow

beurre (m)	เนย	noie
huile (f) végétale	น้ำมันพืช	nám man phêut
huile (f) de tournesol	น้ำมันดอกทานตะวัน	nám man dòrk thaan dtà-wan
margarine (f)	เนยเทียม	noie thiam

| olives (f pl) | มะกอก | má-gòrk |
| huile (f) d'olive | น้ำมันมะกอก | nám man má-gòrk |

lait (m)	นม	nom
lait (m) condensé	นมขน	nom khôn
yogourt (m)	โยเกิร์ต	yoh-gèrt
crème (f) aigre	ซาวร์ครีม	saao khreem
crème (f) (de lait)	ครีม	khreem

sauce (f) mayonnaise	มาย็องเนส	maa-yorng-nâyt
crème (f) au beurre	สวนผสมของเนย	sùan phà-sǒm khǒrng
	และน้ำตาล	noie láe nám dtaan

gruau (m)	เมล็ดธัญพืช	má-lét than-yá-phêut
farine (f)	แป้ง	bpâeng
conserves (f pl)	อาหารกระป๋อง	aa-hǎan grà-bpǒrng

pétales (m pl) de maïs	คอร์นเฟลค	khorn-flâyk
miel (m)	น้ำผึ้ง	nám phêung
confiture (f)	แยม	yaem
gomme (f) à mâcher	หมากฝรั่ง	màak fà-ràng

42. Les boissons

eau (f)	น้ำ	nám
eau (f) potable	น้ำดื่ม	nám dèum
eau (f) minérale	น้ำแร่	nám râe

plate (adj)	ไม่มีฟอง	mâi mee forng
gazeuse (l'eau ~)	น้ำอัดลม	nám àt lom
pétillante (adj)	มีฟอง	mee forng

glace (f)	น้ำแข็ง	nám khǎeng
avec de la glace	ใส่น้ำแข็ง	sài nám khǎeng
sans alcool	ไม่มีแอลกอฮอล์	mâi mee aen-gor-hor
boisson (f) non alcoolisée	เครื่องดื่มที่ไม่มีแอลกอฮอล์	krêuang dèum têe mâi mee aen-gor-hor
rafraîchissement (m)	เครื่องดื่มให้ความสดชื่น	khrêuang dèum hâi khwaam sòt chêun
limonade (f)	น้ำเลมอนเนด	nám lay-morn-nâyt
boissons (f pl) alcoolisées	เหล้า	lǎu
vin (m)	ไวน์	wai
vin (m) blanc	ไวน์ขาว	wai khǎao
vin (m) rouge	ไวน์แดง	wai daeng
liqueur (f)	สุรา	sù-raa
champagne (m)	แชมเปญ	chaem-bpayn
vermouth (m)	เหล้าองุ่นขาวซึ่งมีกลิ่นหอม	lâo a-ngùn khǎao sêung mee glìn hǒrm
whisky (m)	เหล้าวิสกี้	lǎu wít-sa -gêe
vodka (f)	เหล้าวอดก้า	lǎu wórt-gâa
gin (m)	เหล้ายิน	lǎu yin
cognac (m)	เหล้าคอนยัก	lǎu khorn yák
rhum (m)	เหล้ารัม	lǎu ram
café (m)	กาแฟ	gaa-fae
café (m) noir	กาแฟดำ	gaa-fae dam
café (m) au lait	กาแฟใส่นม	gaa-fae sài nom
cappuccino (m)	กาแฟคาปูชิโน	gaa-fae khaa bpoo chí noh
café (m) soluble	กาแฟสำเร็จรูป	gaa-fae sǎm-rèt rôop
lait (m)	นม	nom
cocktail (m)	ค็อกเทล	khók-tayn
cocktail (m) au lait	มิลค์เชค	min-châyk
jus (m)	น้ำผลไม้	nám phǒn-lá-máai
jus (m) de tomate	น้ำมะเขือเทศ	nám má-khěua thâyt
jus (m) d'orange	น้ำส้ม	nám sôm
jus (m) pressé	น้ำผลไม้คั้นสด	nám phǒn-lá-máai khán sòt
bière (f)	เบียร์	bia
bière (f) blonde	เบียร์ไลท์	bia lai
bière (f) brune	เบียร์ดารค	bia dàak
thé (m)	ชา	chaa
thé (m) noir	ชาดำ	chaa dam
thé (m) vert	ชาเขียว	chaa khǐeow

43. Les légumes

légumes (m pl)	ผัก	phàk
verdure (f)	ผักใบเขียว	phàk bai khǐeow
tomate (f)	มะเขือเทศ	má-khěua thâyt

concombre (m)	แตงกวา	dtaeng-gwaa
carotte (f)	แครอท	khae-rót
pomme (f) de terre	มันฝรั่ง	man fà-ràng
oignon (m)	หัวหอม	hǔa hǒrm
ail (m)	กระเทียม	grà-thiam

chou (m)	กะหล่ำปลี	gà-làm bplee
chou-fleur (m)	ดอกกะหล่ำ	dòrk gà-làm
chou (m) de Bruxelles	กะหล่ำดาว	gà-làm-daao
brocoli (m)	บร็อคโคลี่	bròrk-khoh-lêe

betterave (f)	บีทรูท	bee-trôot
aubergine (f)	มะเขือยาว	má-khěua-yaao
courgette (f)	แตงชูคินี	dtaeng soo-khí-nee
potiron (m)	ฟักทอง	fák-thorng
navet (m)	หัวผักกาด	hǔa-phàk-gàat

persil (m)	ผักชีฝรั่ง	phàk chee fà-ràng
fenouil (m)	ผักชีลาว	phàk-chee-laao
laitue (f) (salade)	ผักกาดหอม	phàk gàat hǒrm
céleri (m)	คื่นช่าย	khêun-châai
asperge (f)	หน่อไม้ฝรั่ง	nòr máai fà-ràng
épinard (m)	ผักขม	phàk khǒm

pois (m)	ถั่วลันเตา	thùa-lan-dtao
fèves (f pl)	ถั่ว	thùa
maïs (m)	ข้าวโพด	khâao-phôht
haricot (m)	ถั่วรูปไต	thùa rôop dtai

poivron (m)	พริกหยวก	phrík-yùak
radis (m)	หัวไชเทา	hǔa chai tháo
artichaut (m)	อาร์ติโชค	aa dtì chôhk

44. Les fruits. Les noix

fruit (m)	ผลไม้	phǒn-lá-máai
pomme (f)	แอปเปิ้ล	àep-bpêrn
poire (f)	แพร	phae
citron (m)	มะนาว	má-naao
orange (f)	ส้ม	sôm
fraise (f)	สตรอว์เบอร์รี่	sà-dtror-ber-rêe

mandarine (f)	ส้มแมนดาริน	sôm maen daa rin
prune (f)	พลัม	phlam
pêche (f)	ลูกทอ	lôok thór
abricot (m)	แอปริคอท	ae-bprì-khôrt
framboise (f)	ราสเบอร์รี่	râat-ber-rêe
ananas (m)	สับปะรด	sàp-bpà-rót

banane (f)	กล้วย	glûay
pastèque (f)	แตงโม	dtaeng moh
raisin (m)	องุ่น	a-ngùn
cerise (f)	เชอร์รี่	cher-rêe
merise (f)	เชอร์รี่ป่า	cher-rêe bpàa

melon (m)	เมลอน	may-lorn
pamplemousse (m)	ส้มโอ	sôm oh
avocat (m)	อะโวคาโด	a-who-khaa-doh
papaye (f)	มะละกอ	má-lá-gor
mangue (f)	มะม่วง	má-mûang
grenade (f)	ทับทิม	tháp-thim

groseille (f) rouge	เรดเคอร์แรนท์	râyt-khêr-raen
cassis (m)	แบล็คเคอร์แรนท์	blàek khêr-raen
groseille (f) verte	กูสเบอร์รี่	gòot-ber-rêe
myrtille (f)	บิลเบอร์รี่	bil-ber-rêe
mûre (f)	แบล็คเบอร์รี่	blàek ber-rêe

raisin (m) sec	ลูกเกด	lôok gàyt
figue (f)	มะเดื่อฝรั่ง	má dèua fà-ràng
datte (f)	ลูกอินทผลัม	lôok in-thá-plǎm

cacahuète (f)	ถั่วลิสง	thùa-lí-sǒng
amande (f)	อัลมอนด์	an-morn
noix (f)	วอลนัต	wor-lá-nát
noisette (f)	เฮเซลนัท	hay sayn nát
noix (f) de coco	มะพร้าว	má-phráao
pistaches (f pl)	ถั่วพิสตาชิโอ	thùa phít dtaa chí oh

45. Le pain. Les confiseries

confiserie (f)	ขนม	khà-nǒm
pain (m)	ขนมปัง	khà-nǒm bpang
biscuit (m)	คุกกี้	khúk-gêe

chocolat (m)	ช็อกโกแลต	chók-goh-láet
en chocolat (adj)	ช็อกโกแลต	chók-goh-láet
bonbon (m)	ลูกกวาด	lôok gwàat
gâteau (m), pâtisserie (f)	ขนมเค้ก	khà-nǒm kháyk
tarte (f)	ขนมเค้ก	khà-nǒm kháyk

gâteau (m)	ขนมพาย	khà-nǒm phaai
garniture (f)	ไส้ในขนม	sâi nai khà-nǒm

confiture (f)	แยม	yaem
marmelade (f)	แยมผิวส้ม	yaem phǐw sôm
gaufre (f)	วาฟเฟิล	waaf-fern
glace (f)	ไอศกรีม	ai-sà-greem
pudding (m)	พุดดิ้ง	phút-dîng

46. Les plats cuisinés

plat (m)	มื้ออาหาร	méu aa-hǎan
cuisine (f)	อาหาร	aa-hǎan
recette (f)	ตำราอาหาร	dtam-raa aa-hǎan
portion (f)	ส่วน	sùan
salade (f)	สลัด	sà-làt

soupe (f)	ซุป	súp
bouillon (m)	ซุปน้ำใส	súp nám-săi
sandwich (m)	แซนด์วิช	saen-wít
les œufs brouillés	ไข่ทอด	khài thôrt

| hamburger (m) | แฮมเบอร์เกอร์ | haem-ber-gêr |
| steak (m) | สเต็กเนื้อ | sà-dtèk néua |

garniture (f)	เครื่องเคียง	khrêuang khiang
spaghettis (m pl)	สปาเก็ตตี้	sà-bpaa-gèt-dtêe
purée (f)	มันฝรั่งบด	man fà-ràng bòt
pizza (f)	พิซซ่า	phít-sâa
bouillie (f)	ข้าวต้ม	khâao-dtôm
omelette (f)	ไข่เจียว	khài jieow

cuit à l'eau (adj)	ต้ม	dtôm
fumé (adj)	รมควัน	rom khwan
frit (adj)	ทอด	thôrt
sec (adj)	ตากแห้ง	dtàak hâeng
congelé (adj)	แช่แข็ง	châe khăeng
mariné (adj)	ดอง	dorng

sucré (adj)	หวาน	wăan
salé (adj)	เค็ม	khem
froid (adj)	เย็น	yen
chaud (adj)	ร้อน	rórn
amer (adj)	ขม	khŏm
bon (savoureux)	อร่อย	à-ròi

cuire à l'eau	ต้ม	dtôm
préparer (le dîner)	ทำอาหาร	tham aa-hăan
faire frire	ทอด	thôrt
réchauffer (vt)	อุ่น	ùn

saler (vt)	ใส่เกลือ	sài gleua
poivrer (vt)	ใส่พริกไทย	sài phrík thai
râper (vt)	ขูด	khòot
peau (f)	เปลือก	bplèuak
éplucher (vt)	ปอกเปลือก	bpòrk bplêuak

47. Les épices

sel (m)	เกลือ	gleua
salé (adj)	เค็ม	khem
saler (vt)	ใส่เกลือ	sài gleua

poivre (m) noir	พริกไทย	phrík thai
poivre (m) rouge	พริกแดง	phrík daeng
moutarde (f)	มัสตาร์ด	mát-dtàat
raifort (m)	ฮอสแรดิช	hórt rae dìt

condiment (m)	เครื่องปรุงรส	khrêuang bprung rót
épice (f)	เครื่องเทศ	khrêuang thâyt
sauce (f)	ซอส	sós

vinaigre (m)	น้ำส้มสายชู	nám sôm săai choo
anis (m)	เทียนสัตตบุษย์	thian-sàt-dtà-bùt
basilic (m)	ใบโหระพา	bai hŏh rá phaa
clou (m) de girofle	กานพลู	gaan-phloo
gingembre (m)	ขิง	khĭng
coriandre (m)	ผักชีลา	pàk-chee-laa
cannelle (f)	อบเชย	òp-choie
sésame (m)	งา	ngaa
feuille (f) de laurier	ใบกระวาน	bai grà-waan
paprika (m)	พริกป่น	phrík bpòn
cumin (m)	เทียนตากบ	thian dtaa gòp
safran (m)	หญ้าฝรั่น	yâa fà-ràn

48. Les repas

nourriture (f)	อาหาร	aa-hăan
manger (vi, vt)	กิน	gin
petit déjeuner (m)	อาหารเช้า	aa-hăan cháo
prendre le petit déjeuner	ทานอาหารเช้า	thaan aa-hăan cháo
déjeuner (m)	ขาวเที่ยง	khâao thîang
déjeuner (vi)	ทานอาหารเที่ยง	thaan aa-hăan thîang
dîner (m)	อาหารเย็น	aa-hăan yen
dîner (vi)	ทานอาหารเย็น	thaan aa-hăan yen
appétit (m)	ความอยากอาหาร	kwaam yàak aa hăan
Bon appétit!	กินให้อรอย!	gin hâi a-ròi
ouvrir (vt)	เปิด	bpèrt
renverser (liquide)	ทำหก	tham hòk
se renverser (liquide)	ทำหกออกมา	tham hòk òrk maa
bouillir (vi)	ตูม	dtôm
faire bouillir	ตูม	dtôm
bouilli (l'eau ~e)	ตม	dtôm
refroidir (vt)	แช่เย็น	châe yen
se refroidir (vp)	แช่เย็น	châe yen
goût (m)	รสชาติ	rót châat
arrière-goût (m)	รส	rót
suivre un régime	ลดน้ำหนัก	lót nám nàk
régime (m)	อาหารพิเศษ	aa-hăan phí-sàyt
vitamine (f)	วิตามิน	wí-dtaa-min
calorie (f)	แคลอรี่	khae-lor-rêe
végétarien (m)	คนกินเจ	khon gin jay
végétarien (adj)	มังสวิรัติ	mang-sà-wí-rát
lipides (m pl)	ไขมัน	khăi man
protéines (f pl)	โปรตีน	bproh-dteen
glucides (m pl)	คาร์โบไฮเดรต	kaa-boh-hai-dràyt
tranche (f)	แผน	phàen
morceau (m)	ชิ้น	chín
miette (f)	เศษ	sàyt

49. Le dressage de la table

cuillère (f)	ช้อน	chórn
couteau (m)	มีด	mêet
fourchette (f)	ส้อม	sôrm
tasse (f)	แก้ว	gâew
assiette (f)	จาน	jaan
soucoupe (f)	จานรอง	jaan rorng
serviette (f)	ผ้าเช็ดปาก	phâa chét bpàak
cure-dent (m)	ไม้จิ้มฟัน	máai jîm fan

50. Le restaurant

restaurant (m)	ร้านอาหาร	ráan aa-hăan
salon (m) de café	ร้านกาแฟ	ráan gaa-fae
bar (m)	ร้านเหล้า	ráan lâo
salon (m) de thé	ร้านน้ำชา	ráan nám chaa
serveur (m)	คนเสิร์ฟชาย	khon sèrf chaai
serveuse (f)	คนเสิร์ฟหญิง	khon sèrf yĭng
barman (m)	บาร์เทนเดอร์	baa-thayn-dêr
carte (f)	เมนู	may-noo
carte (f) des vins	รายการไวน์	raai gaan wai
réserver une table	จองโต๊ะ	jorng dtó
plat (m)	มื้ออาหาร	méu aa-hăan
commander (vt)	สั่ง	sàng
faire la commande	สั่งอาหาร	sàng aa-hăan
apéritif (m)	เครื่องดื่มเหล้า กอนอาหาร	khrêuang dèum lâo gòrn aa-hăan
hors-d'œuvre (m)	ของกินเล่น	khŏrng gin lâyn
dessert (m)	ของหวาน	khŏrng wăan
addition (f)	คิดเงิน	khít ngern
régler l'addition	จ่ายค่าอาหาร	jàai khâa aa hăan
rendre la monnaie	ให้เงินทอน	hâi ngern thorn
pourboire (m)	เงินทิป	ngern thíp

La famille. Les parents. Les amis

51. Les données personnelles. Les formulaires

prénom (m)	ชื่อ	chêu
nom (m) de famille	นามสกุล	naam sà-gun
date (f) de naissance	วันเกิด	wan gèrt
lieu (m) de naissance	สถานที่เกิด	sà-thǎan thêe gèrt
nationalité (f)	สัญชาติ	sǎn-châat
domicile (m)	ที่อยู่อาศัย	thêe yòo aa-sǎi
pays (m)	ประเทศ	bprà-thâyt
profession (f)	อาชีพ	aa-chêep
sexe (m)	เพศ	phâyt
taille (f)	ความสูง	khwaam sǒong
poids (m)	น้ำหนัก	nám nàk

52. La famille. Les liens de parenté

mère (f)	มารดา	maan-daa
père (m)	บิดา	bì-daa
fils (m)	ลูกชาย	lôok chaai
fille (f)	ลูกสาว	lôok sǎao
fille (f) cadette	ลูกสาวคนเล็ก	lôok sǎao khon lék
fils (m) cadet	ลูกชายคนเล็ก	lôok chaai khon lék
fille (f) aînée	ลูกสาวคนโต	lôok sǎao khon dtoh
fils (m) aîné	ลูกชายคนโต	lôok chaai khon dtoh
frère (m) aîné	พี่ชาย	phêe chaai
frère (m) cadet	น้องชาย	nórng chaai
sœur (f) aînée	พี่สาว	phêe sǎao
sœur (f) cadette	น้องสาว	nórng sǎao
cousin (m)	ลูกพี่ลูกน้อง	lôok phêe lôok nórng
cousine (f)	ลูกพี่ลูกน้อง	lôok phêe lôok nórng
maman (f)	แม่	mâe
papa (m)	พ่อ	phôr
parents (m pl)	พ่อแม่	phôr mâe
enfant (m, f)	เด็ก, ลูก	dèk, lôok
enfants (pl)	เด็กๆ	dèk dèk
grand-mère (f)	ย่า, ยาย	yâa, yaai
grand-père (m)	ปู่, ตา	bpòo, dtaa
petit-fils (m)	หลานชาย	lǎan chaai
petite-fille (f)	หลานสาว	lǎan sǎao

petits-enfants (pl)	หลานๆ	lăan
oncle (m)	ลุง	lung
tante (f)	ป้า	bpâa
neveu (m)	หลานชาย	lăan chaai
nièce (f)	หลานสาว	lăan săao
belle-mère (f)	แม่ยาย	mâe yaai
beau-père (m)	พ่อสามี	phôr săa-mee
gendre (m)	ลูกเขย	lôok khŏie
belle-mère (f)	แม่เลี้ยง	mâe líang
beau-père (m)	พ่อเลี้ยง	phôr líang
nourrisson (m)	ทารก	thaa-rók
bébé (m)	เด็กเล็ก	dèk lék
petit (m)	เด็ก	dèk
femme (f)	ภรรยา	phan-rá-yaa
mari (m)	สามี	săa-mee
époux (m)	สามี	săa-mee
épouse (f)	ภรรยา	phan-rá-yaa
marié (adj)	แต่งงานแล้ว	dtàeng ngaan láew
mariée (adj)	แตงงานแลว	dtàeng ngaan láew
célibataire (adj)	เป็นโสด	bpen sòht
célibataire (m)	ชายโสด	chaai sòht
divorcé (adj)	หย่าแลว	yàa láew
veuve (f)	แม่หม้าย	mâe mâai
veuf (m)	พ่อหม้าย	phôr mâai
parent (m)	ญาติ	yâat
parent (m) proche	ญาติใกล้ชิด	yâat glâi chít
parent (m) éloigné	ญาติห่างๆ	yâat hàang hàang
parents (m pl)	ญาติๆ	yâat
orphelin (m)	เด็กชายกำพร้า	dèk chaai gam phráa
orpheline (f)	เด็กหญิงกำพรา	dèk yĭng gam phráa
tuteur (m)	ผู้ปกครอง	phôo bpòk khrorng
adopter (un garçon)	บุญธรรม	bun tham
adopter (une fille)	บุญธรรม	bun tham

53. Les amis. Les collègues

ami (m)	เพื่อน	phêuan
amie (f)	เพื่อน	phêuan
amitié (f)	มิตรภาพ	mít-dtrà-phâap
être ami	เป็นเพื่อน	bpen phêuan
copain (m)	เพื่อนสนิท	phêuan sà-nìt
copine (f)	เพื่อนสนิท	phêuan sà-nìt
partenaire (m)	หุ้นส่วน	hûn sùan
chef (m)	หัวหน้า	hŭa-nâa
supérieur (m)	ผู้บังคับบัญชา	phôo bang-kháp ban-chaa
propriétaire (m)	เจ้าของ	jâo khŏrng

subordonné (m)	ลูกน้อง	lôok nórng
collègue (m, f)	เพื่อนรวมงาน	phêuan rûam ngaan
connaissance (f)	ผู้คุ้นเคย	phôo khún khoie
compagnon (m) de route	เพื่อนรวมทาง	pêuan rûam thaang
copain (m) de classe	เพื่อนรุ่น	phêuan rûn
voisin (m)	เพื่อนบ้านผู้ชาย	phêuan bâan pôo chaai
voisine (f)	เพื่อนบ้านผู้หญิง	phêuan bâan phôo yǐng
voisins (m pl)	เพื่อนบ้าน	phêuan bâan

54. L'homme. La femme

femme (f)	ผู้หญิง	phôo yǐng
jeune fille (f)	หญิงสาว	yǐng sǎao
fiancée (f)	เจ้าสาว	jâo sǎao
belle (adj)	สวย	sǔay
de grande taille	สูง	sǒong
svelte (adj)	ผอม	phǒrm
de petite taille	เตี้ย	dtîa
blonde (f)	ผมสีทอง	phǒm sěe thorng
brune (f)	ผมสีคล้ำ	phǒm sěe khlám
de femme (adj)	สตรี	sàt-dtree
vierge (f)	บริสุทธิ์	bor-rí-sùt
enceinte (adj)	ตั้งครรภ์	dtâng khan
homme (m)	ผู้ชาย	phôo chaai
blond (m)	ผมสีทอง	phǒm sěe thorng
brun (m)	ผมสีคล้ำ	phǒm sěe khlám
de grande taille	สูง	sǒong
de petite taille	เตี้ย	dtîa
rude (adj)	หยาบคาย	yàap kaai
trapu (adj)	แข็งแรง	khǎeng raeng
robuste (adj)	กำยำ	gam-yam
fort (adj)	แข็งแรง	khǎeng raeng
force (f)	ความแข็งแรง	khwaam khǎeng raeng
gros (adj)	ท้วม	thúam
basané (adj)	ผิวดำ	phǐw dam
svelte (adj)	ผอม	phǒrm
élégant (adj)	สง่า	sà-ngàa

55. L'age

âge (m)	อายุ	aa-yú
jeunesse (f)	วัยเยาว์	wai yao
jeune (adj)	หนุ่ม	nùm
plus jeune (adj)	อายุน้อยกว่า	aa-yú nói gwàa

plus âgé (adj)	อายุสูงกว่า	aa-yú sŏong gwàa
jeune homme (m)	ชายหนุ่ม	chaai nùm
adolescent (m)	วัยรุ่น,	wai rûn
gars (m)	คนหนุ่ม	khon nùm

| vieillard (m) | ชายชรา | chaai chá-raa |
| vieille femme (f) | หญิงชรา | yĭng chá-raa |

adulte (m)	ผู้ใหญ่	phôo yài
d'âge moyen (adj)	วัยกลาง	wai glaang
âgé (adj)	วัยชรา	wai chá-raa
vieux (adj)	แก่	gàe

retraite (f)	การเกษียณอายุ	gaan gà-sĭan aa-yú
prendre sa retraite	เกษียณ	gà-sĭan
retraité (m)	ผู้เกษียณอายุ	phôo gà-sĭan aa-yú

56. Les enfants. Les adolescents

enfant (m, f)	เด็ก, ลูก	dèk, lôok
enfants (pl)	เด็กๆ	dèk dèk
jumeaux (m pl)	แฝด	fàet

berceau (m)	เปล	bplay
hochet (m)	ของเล่นกุ๊งกิ๊ง	khŏrng lên gúng-gîng
couche (f)	ผ้าอ้อม	phâa ôrm

tétine (f)	จุกนม	jùk-nom
poussette (m)	รถเข็นเด็ก	rót khĕn dèk
école (f) maternelle	โรงเรียนอนุบาล	rohng rian a-nú-baan
baby-sitter (m, f)	คนเฝ้าเด็ก	khon fâo dèk

enfance (f)	วัยเด็ก	wai dèk
poupée (f)	ตุ๊กตา,	dtúk-dtaa
jouet (m)	ของเล่น,	khŏrng lên
jeu (m) de construction	ชุดของเล่นก่อสร้าง	chút khŏrng lên gòr sâang

bien élevé (adj)	มีกิริยา มารยาทดี	mee gì-rí-yaa maa-rá-yâat dee
mal élevé (adj)	ไม่มีมารยาท	mâi mee maa-rá-yâat
gâté (adj)	เสียคน	sĭa khon

| faire le vilain | ซน | son |
| vilain (adj) | ซน | son |

| espièglerie (f) | ความเกเร | kwaam gay-ray |
| vilain (m) | เด็กเกเร | dèk gay-ray |

| obéissant (adj) | ที่เชื่อฟัง | thêe chêua fang |
| désobéissant (adj) | ที่ไม่เชื่อฟัง | thêe mâi chêua fang |

sage (adj)	ที่เชื่อฟังผู้ใหญ่	thée chêua fang phôo yài
intelligent (adj)	ฉลาด	chà-làat
l'enfant prodige	เด็กมีพรสวรรค์	dèk mee phon sà-wăn

57. Les couples mariés. La vie de famille

embrasser (sur les lèvres)	จูบ	jòop
s'embrasser (vp)	จูบ	jòop
famille (f)	ครอบครัว	khrôrp khrua
familial (adj)	ครอบครัว	khrôrp khrua
couple (m)	ผัวเมีย	phǔa mia
mariage (m) (~ civil)	การแต่งงาน	gaan dtàeng ngaan
foyer (m) familial	บ้าน	bâan
dynastie (f)	วงศ์ตระกูล	wong dtrà-goon
rendez-vous (m)	การออกเดท	gaan òrk dàyt
baiser (m)	การจูบ	gaan jòop
amour (m)	ความรัก	khwaam rák
aimer (qn)	รัก	rák
aimé (adj)	ที่รัก	thêe rák
tendresse (f)	ความละเมียดละไม	khwaam lá-mîat lá-mai
tendre (affectueux)	ละเมียดละไม	lá-mîat lá-mai
fidélité (f)	ความซื่อ	khwaam sêu
fidèle (adj)	ซื่อ	sêu
soin (m) (~ de qn)	การดูแล	gaan doo lae
attentionné (adj)	ชอบดูแล	chôrp doo lae
jeunes mariés (pl)	คู่แต่งงานใหม่	khôo dtàeng ngaan mài
lune (f) de miel	ฮันนีมูน	han-nee-moon
se marier (prendre pour époux)	แต่งงาน	dtàeng ngaan
se marier (prendre pour épouse)	แต่งงาน	dtàeng ngaan
mariage (m)	การสมรส	gaan sǒm rót
les noces d'or	การสมรสครบรอบ50ปี	gaan sǒm rót khróp rôrp hâa-sìp bpee
anniversaire (m)	วันครบรอบ	wan khróp rôrp
amant (m)	คู่รัก	khôo rák
maîtresse (f)	เมียน้อย	mia nói
adultère (m)	การคบชู้	gaan khóp chóo
commettre l'adultère	คบชู้	khóp chóo
jaloux (adj)	หึงหวง	hěung hǔang
être jaloux	หึง	hěung
divorce (m)	การหย่าร้าง	gaan yàa ráang
divorcer (vi)	หย่า	yàa
se disputer (vp)	ทะเลาะ	thá-lór
se réconcilier (vp)	ประนีประนอม	bprà-nee-bprà-nom
ensemble (adv)	ด้วยกัน	dûay gan
sexe (m)	เพศสัมพันธ์	phâyt sǎm-phan
bonheur (m)	ความสุข	khwaam sùk
heureux (adj)	มีความสุข	mee khwaam sùk
malheur (m)	เหตุร้าย	hàyt ráai
malheureux (adj)	ไม่มีความสุข	mâi mee khwaam sùk

Le caractère. Les émotions

58. Les sentiments. Les émotions

sentiment (m)	ความรู้สึก	khwaam róo sèuk
sentiments (m pl)	ความรู้สึก	khwaam róo sèuk
sentir (vt)	รู้สึก	róo sèuk
faim (f)	ความหิว	khwaam hǐw
avoir faim	หิว	hǐw
soif (f)	ความกระหาย	khwaam grà-hǎai
avoir soif	กระหาย	grà-hǎai
somnolence (f)	ความง่วง	khwaam ngûang
avoir sommeil	ง่วง	ngûang
fatigue (f)	ความเหนื่อย	khwaam nèuay
fatigué (adj)	เหนื่อย	nèuay
être fatigué	เหนื่อย	nèuay
humeur (f) (de bonne ~)	อารมณ์	aa-rom
ennui (m)	ความเบื่อ	khwaam bèua
s'ennuyer (vp)	เบื่อ	bèua
solitude (f)	ความเหงา	khwaam ngǎo
s'isoler (vp)	ปลีกวิเวก	bplèek wí-wâyk
inquiéter (vt)	ทำให้...เป็นห่วง	tham hâi…bpen hùang
s'inquiéter (vp)	กังวล	gang-won
inquiétude (f)	ความเป็นห่วง	khwaam bpen hùang
préoccupation (f)	ความวิตกกังวล	khwaam wí-dtòk gang-won
soucieux (adj)	เป็นห่วงใหญ่	bpen hùang yài
s'énerver (vp)	กระวนกระวาย	grà won grà waai
paniquer (vi)	ตื่นตระหนก	dtèun dtrà-nòk
espoir (m)	ความหวัง	khwaam wǎng
espérer (vi)	หวัง	wǎng
certitude (f)	ความแน่ใจ	khwaam nâe jai
certain (adj)	แน่ใจ	nâe jai
incertitude (f)	ความไม่มั่นใจ	khwaam mâi mân jai
incertain (adj)	ไม่มั่นใจ	mâi mân jai
ivre (adj)	เมา	mao
sobre (adj)	ไม่เมา	mâi mao
faible (adj)	อ่อนแอ	òrn ae
heureux (adj)	มีความสุข	mee khwaam sùk
faire peur	ทำให้...กลัว	tham hâi…glua
fureur (f)	ความโกรธเคือง	khwaam gròht kheuang
rage (f), colère (f)	ความเดือดดาล	khwaam dèuat daan
dépression (f)	ความหดหู่	khwaam hòt-hòo
inconfort (m)	อึดอัด	èut àt

confort (m)	สบาย	sà-baai
regretter (vt)	เสียดาย	sĭa daai
regret (m)	ความเสียดาย	khwaam sĭa daai
malchance (f)	โชคราย	chôhk ráai
tristesse (f)	ความเศรา	khwaam sâo

honte (f)	ความละอายใจ	khwaam lá-aai jai
joie, allégresse (f)	ความปีติ	khwaam bpì-dtì
enthousiasme (m)	ความกระตือรือร้น	khwaam grà-dteu-reu-rón
enthousiaste (m)	คนที่กระตือรือรน	khon thêe grà-dteu-reu-rón
avoir de l'enthousiasme	แสดงความ	sà-daeng khwaam
	กระตือรือรน	grà-dteu-reu-rón

59. Le caractère. La personnalité

caractère (m)	นิสัย	ní-sǎi
défaut (m)	ขอเสีย	khôr sĭa
esprit (m)	สติ	sà-dtì
raison (f)	สติ	sà-dtì

conscience (f)	มโนธรรม	má-noh tham
habitude (f)	นิสัย	ní-sǎi
capacité (f)	ความสามารถ	khwaam sǎa-mâat
savoir (faire qch)	สามารถ	sǎa-mâat

patient (adj)	อดทน	òt thon
impatient (adj)	ใจรอนใจเร็ว	jai rórn jai reo
curieux (adj)	อยากรูอยากเห็น	yàak róo yàak hĕn
curiosité (f)	ความอยากรูอยากเห็น	khwaam yàak róo yàak hĕn

modestie (f)	ความถอมตน	khwaam thòrm dton
modeste (adj)	ถอมตน	thòrm dton
vaniteux (adj)	หยาบโลน	yàap lohn

paresse (f)	ความขี้เกียจ	khwaam khêe gìat
paresseux (adj)	ขี้เกียจ	khêe gìat
paresseux (m)	คนขี้เกียจ	khon khêe gìat

astuce (f)	ความเจาเลห์	khwaam jâo lây
rusé (adj)	เจาเลห	jâo lây
méfiance (f)	ความหวาดระแวง	khwaam wàat rá-waeng
méfiant (adj)	เคลือบแคลง	khlêuap-khlaeng

générosité (f)	ความเอื้อเฟือ	khwaam êua féua
généreux (adj)	มีน้ำใจ	mee nám jai
doué (adj)	มีพรสวรรค์	mee phon sà-wǎn
talent (m)	พรสวรรค	phon sà-wǎn

courageux (adj)	กลาหาญ	glâa hǎan
courage (m)	ความกลาหาญ	khwaam glâa hǎan
honnête (adj)	ซื่อสัตย	sêu sàt
honnêteté (f)	ความซื่อสัตย์	khwaam sêu sàt
prudent (adj)	ระมัดระวัง	rá mát rá-wang
courageux (adj)	กลา	glâa

sérieux (adj)	เอาจริงเอาจัง	ao jing ao jang
sévère (adj)	เขมงวด	khêm ngûat
décidé (adj)	เด็ดเดี่ยว	dèt dìeow
indécis (adj)	ไม่เด็ดขาด	mâi dèt khàat
timide (adj)	อาย	aai
timidité (f)	ความขวยอาย	khwaam khŭay aai
confiance (f)	ความไว้ใจ	khwaam wái jai
croire (qn)	ไว้เนื้อเชื่อใจ	wái néua chêua jai
confiant (adj)	เชื่อใจ	chêua jai
sincèrement (adv)	อย่างจริงใจ	yàang jing jai
sincère (adj)	จริงใจ	jing jai
sincérité (f)	ความจริงใจ	khwaam jing jai
ouvert (adj)	เปิดเผย	bpèrt phŏie
calme (adj)	ใจเย็น	jai yen
franc (sincère)	จริงใจ	jing jai
naïf (adj)	หลงเชื่อ	lŏng chêua
distrait (adj)	ใจลอย	jai loi
drôle, amusant (adj)	ตลก	dtà-lòk
avidité (f)	ความโลภ	khwaam lôhp
avare (adj)	โลภ	lôhp
radin (adj)	ขี้เหนียว	khêe nĭeow
méchant (adj)	เลว	leo
têtu (adj)	ดื้อ	dêu
désagréable (adj)	ไม่น่าพึงพอใจ	mâi nâa pheung phor jai
égoïste (m)	คนที่เห็นแก่ตัว	khon thêe hĕn gàe dtua
égoïste (adj)	เห็นแก่ตัว	hĕn gàe dtua
peureux (m)	คนขี้ขลาด	khon khêe khlàat
peureux (adj)	ขี้ขลาด	khêe khlàat

60. Le sommeil. Les rêves

dormir (vi)	นอน	norn
sommeil (m)	ความนอน	khwaam norn
rêve (m)	ความฝัน	khwaam făn
rêver (en dormant)	ฝัน	făn
endormi (adj)	งวง	ngûang
lit (m)	เตียง	dtiang
matelas (m)	ฟูกนอน	fôok norn
couverture (f)	ผ้าห่ม	phâa hòm
oreiller (m)	หมอน	mŏrn
drap (m)	ผ้าปูที่นอน	phâa bpoo thêe norn
insomnie (f)	อาการนอนไม่หลับ	aa-gaan norn mâi làp
sans sommeil (adj)	นอนไม่หลับ	norn mâi làp
somnifère (m)	ยานอนหลับ	yaa-norn-làp
prendre un somnifère	กินยานอนหลับ	gin yaa-norn-làp
avoir sommeil	งวง	ngûang

bâiller (vi)	หาว	hăao
aller se coucher	ไปนอน	bpai norn
faire le lit	ปูที่นอน	bpoo thêe norn
s'endormir (vp)	หลับ	làp
cauchemar (m)	ฝันร้าย	făn ráai
ronflement (m)	การกรน	gaan-kron
ronfler (vi)	กรน	gron
réveil (m)	นาฬิกาปลุก	naa-lí-gaa bplùk
réveiller (vt)	ปลุก	bplùk
se réveiller (vp)	ตื่น	dtèun
se lever (tôt, tard)	ลุกขึ้น	lúk khêun
se laver (le visage)	ล้างหน้าล้างตา	láang nâa láang dtaa

61. L'humour. Le rire. La joie

humour (m)	อารมณ์ขัน	aa-rom khăn
sens (m) de l'humour	อารมณ์	aa-rom
s'amuser (vp)	เริงรื่น	rerng rêun
joyeux (adj)	เริงรื่น	rerng rêun
joie, allégresse (f)	ความรื่นเริง	khwaam rêun-rerng
sourire (m)	รอยยิ้ม	roi yím
sourire (vi)	ยิ้ม	yím
se mettre à rire	เริ่มหัวเราะ	rêrm hŭa rór
rire (vi)	หัวเราะ	hŭa rór
rire (m)	การหัวเราะ	gaan hŭa rór
anecdote (f)	เรื่องขำขัน	rêuang khăm khăn
drôle, amusant (adj)	ตลก	dtà-lòk
comique, ridicule (adj)	ขบขัน	khòp khăn
plaisanter (vi)	ล้อเล่น	lór lên
plaisanterie (f)	ตลก	dtà-lòk
joie (f) (émotion)	ความสุขสันต์	khwaam sùk-săn
se réjouir (vp)	โมทนา	moh-thá-naa
joyeux (adj)	ยินดี	yin dee

62. Dialoguer et communiquer. Partie 1

communication (f)	การสื่อสาร	gaan sèu săan
communiquer (vi)	สื่อสาร	sèu săan
conversation (f)	การสนทนา	gaan sŏn-thá-naa
dialogue (m)	บทสนทนา	bòt sŏn-thá-naa
discussion (f) (débat)	การหารือ	gaan hăa-reu
débat (m)	การโต้แย้ง	gaan dtôh yáeng
discuter (vi)	โต้แย้ง	dtôh yáeng
interlocuteur (m)	คู่สนทนา	khôo sŏn-tá-naa
sujet (m)	หัวข้อ	hŭa khôr

point (m) de vue	แง่คิด	ngâe khít
opinion (f)	ความคิดเห็น	khwaam khít hën
discours (m)	สุนทรพจน์	sǔn tha ra phót

discussion (f) (d'un rapport)	การหารือ	gaan hǎa-reu
discuter (vt)	หารือ	hǎa-reu
conversation (f)	การสนทนา	gaan sǒn-thá-naa
converser (vi)	คุยกัน	khui gan
rencontre (f)	การพบกัน	gaan phóp gan
se rencontrer (vp)	พบ	phóp

proverbe (m)	สุภาษิต	sù-phaa-sìt
dicton (m)	คำกล่าว	kham glàao
devinette (f)	ปริศนา	bprìt-sà-nǎa
poser une devinette	ถามปริศนา	thǎam bprìt-sà-nǎa
mot (m) de passe	รหัสผ่าน	rá-hàt phàan
secret (m)	ความลับ	khwaam láp

serment (m)	คำสาบาน	kham sǎa-baan
jurer (de faire qch)	สาบาน	sǎa baan
promesse (f)	คำสัญญา	kham sǎn-yaa
promettre (vt)	สัญญา	sǎn-yaa

conseil (m)	คำแนะนำ	kham náe nam
conseiller (vt)	แนะนำ	náe nam
suivre le conseil (de qn)	ทำตามคำแนะนำ	tham dtaam kham náe nam
écouter (~ ses parents)	เชื่อฟัง	chêua fang

nouvelle (f)	ข่าว	khàao
sensation (f)	ข่าวดัง	khàao dang
renseignements (m pl)	ข้อมูล	khôr moon
conclusion (f)	ข้อสรุป	khôr sà-rùp
voix (f)	เสียง	sǐang
compliment (m)	คำชมเชย	kham chom choie
aimable (adj)	ใจดี	jai dee

mot (m)	คำ	kham
phrase (f)	วลี	wá-lee
réponse (f)	คำตอบ	kham dtòrp

| vérité (f) | ความจริง | khwaam jing |
| mensonge (m) | การโกหก | gaan goh-hòk |

pensée (f)	ความคิด	khwaam khít
idée (f)	ความคิด	khwaam khít
fantaisie (f)	จินตนาการ	jin-dtà-naa gaan

63. Dialoguer et communiquer. Partie 2

respecté (adj)	ที่นับถือ	thêe náp thěu
respecter (vt)	นับถือ	náp thěu
respect (m)	ความนับถือ	khwaam náp thěu
Cher ...	ท่าน	thâan
présenter (faire connaître)	แนะนำ	náe nam

faire la connaissance	รู้จัก	róo jàk
intention (f)	ความตั้งใจ	khwaam dtâng jai
avoir l'intention	ตั้งใจ	dtâng jai
souhait (m)	การขอพร	gaan khǒr phon
souhaiter (vt)	ขอ	khǒr
étonnement (m)	ความประหลาดใจ	khwaam bprà-làat jai
étonner (vt)	ทำให้...ประหลาดใจ	tham hâi...bprà-làat jai
s'étonner (vp)	ประหลาดใจ	bprà-làat jai
donner (vt)	ให้	hâi
prendre (vt)	รับ	ráp
rendre (vt)	ให้คืน	hâi kheun
retourner (vt)	เอาคืน	ao kheun
s'excuser (vp)	ขอโทษ	khǒr thôht
excuse (f)	คำขอโทษ	kham khǒr thôht
pardonner (vt)	ให้อภัย	hâi a-phai
parler (~ avec qn)	คุยกัน	khui gan
écouter (vt)	ฟัง	fang
écouter jusqu'au bout	ฟังจนจบ	fang jon jòp
comprendre (vt)	เขาใจ	khâo jai
montrer (vt)	แสดง	sà-daeng
regarder (vt)	ดู	doo
appeler (vt)	เรียก	rîak
distraire (déranger)	รบกวน	róp guan
ennuyer (déranger)	รบกวน	róp guan
passer (~ le message)	สง	sòng
prière (f) (demande)	ข้อร้องขอ	khôr rórng khǒr
demander (vt)	รองขอ	rórng khǒr
exigence (f)	ขอเรียกร้อง	khǒr rîak rórng
exiger (vt)	เรียกรอง	rîak rórng
taquiner (vt)	แซว	saew
se moquer (vp)	ลอเลียน	lór lian
moquerie (f)	ขอลอเลียน	khǒr lór lian
surnom (m)	ชื่อเลน	chêu lên
allusion (f)	การพูดเป็นนัย	gaan phôot bpen nai
faire allusion	พูดเป็นนัย	phôot bpen nai
sous-entendre (vt)	หมายความวา	mǎai khwaam wâa
description (f)	คำพรรณนา	kham phan-ná-naa
décrire (vt)	พรรณนา	phan-ná-naa
éloge (m)	คำชม	kham chom
louer (vt)	ชม	chom
déception (f)	ความผิดหวัง	khwaam phìt wǎng
décevoir (vt)	ทำให้...ผิดหวัง	tham hâi...phìt wǎng
être déçu	ผิดหวัง	phìt wǎng
supposition (f)	ข้อสมมุติ	khôr sǒm mút
supposer (vt)	สมมุติ	sǒm mút

avertissement (m)	คำเตือน	kham dteuan
prévenir (vt)	เตือน	dteuan

64. Dialoguer et communiquer. Partie 3

convaincre (vt)	เกลี้ยกล่อม	glîak-glôrm
calmer (vt)	ทำให้...สงบ	tham hâi...sà-ngòp
silence (m) (~ est d'or)	ความเงียบ	khwaam ngîap
rester silencieux	เงียบ	ngîap
chuchoter (vi, vt)	กระซิบ	grà síp
chuchotement (m)	เสียงกระซิบ	sĭang grà síp
sincèrement (adv)	พูดตรงๆ	phôot dtrorng dtrorng
à mon avis ...	ในสายตาของ	nai sǎai dtaa-kǒrng
	ผม/ฉัน...	phǒm/chǎn...
détail (m) (d'une histoire)	รายละเอียด	raai lá-ìat
détaillé (adj)	โดยละเอียด	doi lá-ìat
en détail (adv)	อย่างละเอียด	yàang lá-ìat
indice (m)	คำบอกใบ้	kham bòrk bâi
donner un indice	บอกใบ้	bòrk bâi
regard (m)	การมอง	gaan morng
jeter un coup d'oeil	มอง	morng
fixe (un regard ~)	จอง	jôrng
clignoter (vi)	กระพริบตา	grà phríp dtaa
cligner de l'oeil	ขยิบตา	khà-yìp dtaa
hocher la tête	พยักหน้า	phá-yák nâa
soupir (m)	การถอนหายใจ	gaan thǒrn hǎai jai
soupirer (vi)	ถอนหายใจ	thǒrn hǎai-jai
tressaillir (vi)	สั่น	sàn
geste (m)	อิริยาบถ	i-rí-yaa-bòt
toucher (de la main)	สัมผัส	sǎm-phàt
saisir (par le bras)	จับ	jàp
taper (sur l'épaule)	แตะ	dtàe
Attention!	ระวัง!	rá-wang
Vraiment?	จริงหรือ?	jing rěu
Tu es sûr?	คุณแน่ใจหรือ?	khun nâe jai rěu
Bonne chance!	ขอให้โชคดี!	khǒr hâi chôhk dee
Compris!	ฉันเข้าใจ!	chǎn khâo jai
Dommage!	น่าเสียดาย!	nâa sǐa-daai

65. L'accord. Le refus

accord (m)	การยินยอม	gaan yin yorm
être d'accord	ยินยอม	yin yorm
approbation (f)	คำอนุมัติ	kham a-nú-mát
approuver (vt)	อนุมัติ	a-nú-mát

| refus (m) | คำปฏิเสธ | kham bpà-dtì-sàyt |
| se refuser (vp) | ปฏิเสธ | bpà-dtì-sàyt |

Super!	เยี่ยม!	yîam
Bon!	ดีเลย!	dee loie
D'accord!	โอเค!	oh-khay

interdit (adj)	ไม่ได้รับอนุญาต	mâi dâai ráp a-nú-yâat
c'est interdit	ห้าม	hâam
c'est impossible	มันเป็นไปไม่ได้	man bpen bpai mâi dâai
incorrect (adj)	ไม่ถูกต้อง	mâi thòok dtôrng

décliner (vt)	ปฏิเสธ	bpà-dtì-sàyt
soutenir (vt)	สนับสนุน	sà-nàp-sà-nǔn
accepter (condition, etc.)	ยอมรับ	yorm ráp

confirmer (vt)	ยืนยัน	yeun yan
confirmation (f)	คำยืนยัน	kham yeun yan
permission (f)	คำอนุญาต	kham a-nú-yâat
permettre (vt)	อนุญาต	a-nú-yâat
décision (f)	การตัดสินใจ	gaan dtàt sǐn jai
ne pas dire un mot	ไม่พูดอะไร	mâi phôot a-rai

condition (f)	เงื่อนไข	ngêuan khǎi
excuse (f) (prétexte)	ข้ออ้าง	khôr âang
éloge (m)	คำชม	kham chom
louer (vt)	ชม	chom

66. La réussite. La chance. L'échec

succès (m)	ความสำเร็จ	khwaam sǎm-rèt
avec succès (adv)	ให้เป็นผลสำเร็จ	hâi bpen phǒn sǎm-rèt
réussi (adj)	ที่สำเร็จ	thêe sǎm-rèt

chance (f)	โชค	chôhk
Bonne chance!	ขอให้โชคดี!	khǒr hâi chôhk dee
de chance (jour ~)	มีโชค	mee chôhk
chanceux (adj)	มีโชคดี	mee chôhk dee

échec (m)	ความล้มเหลว	khwaam lóm lěo
infortune (f)	โชคร้าย	chôhk ráai
malchance (f)	โชคร้าย	chôhk ráai
raté (adj)	ไม่ประสบ	mâi bprà-sòp
	ความสำเร็จ	khwaam sǎm-rèt
catastrophe (f)	ความล้มเหลว	khwaam lóm lěo

fierté (f)	ความภาคภูมิใจ	khwaam phâak phoom jai
fier (adj)	ภูมิใจ	phoom jai
être fier	ภูมิใจ	phoom jai

gagnant (m)	ผู้ชนะ	phôo chá-ná
gagner (vi)	ชนะ	chá-ná
perdre (vi)	แพ้	pháe
tentative (f)	ความพยายาม	khwaam phá-yaa-yaam

| essayer (vt) | พยายาม | phá-yaa-yaam |
| chance (f) | โอกาส | oh-gàat |

67. Les disputes. Les émotions négatives

cri (m)	เสียงตะโกน	sĭang dtà-gohn
crier (vi)	ตะโกน	dtà-gohn
se mettre à crier	เริ่มตะโกน	rêrm dtà-gohn

dispute (f)	การทะเลาะ	gaan thá-lór
se disputer (vp)	ทะเลาะ	thá-lór
scandale (m) (dispute)	ความทะเลาะ	khwaam thá-lór
faire un scandale	ตีโพยตีพาย	dtee phoi dtee phaai
conflit (m)	ความขัดแย้ง	khwaam khàt yáeng
malentendu (m)	การเขาใจผิด	gaan khâo jai phìt

insulte (f)	คำดูถูก	kham doo thòok
insulter (vt)	ดูถูก	doo thòok
insulté (adj)	โดนดูถูก	dohn doo thòok
offense (f)	ความเคียดแค้น	khwaam khîat-kháen
offenser (vt)	ลวงเกิน	lûang gern
s'offenser (vp)	ถือสา	thĕu săa

indignation (f)	ความโกรธแค้น	khwaam gròht kháen
s'indigner (vp)	ขุนเคือง	khùn kheuang
plainte (f)	คำร้อง	kham rórng
se plaindre (vp)	บน	bòn

excuse (f)	คำขอโทษ	kham khŏr thôht
s'excuser (vp)	ขอโทษ	khŏr thôht
demander pardon	ขออภัย	khŏr a-phai

critique (f)	คำวิจารณ์	kham wí-jaan
critiquer (vt)	วิจารณ์	wí-jaan
accusation (f)	การกล่าวหา	gaan glàao hăa
accuser (vt)	กล่าวหา	glàao hăa

vengeance (f)	การแก้แค้น	gaan gâe kháen
se venger (vp)	แก้แค้น	gâe kháen
faire payer (qn)	แก้แค้น	gâe kháen

mépris (m)	ความดูหมิ่น	khwaam doo mìn
mépriser (vt)	ดูหมิ่น	doo mìn
haine (f)	ความเกลียดชัง	khwaam glìat chang
haïr (vt)	เกลียด	glìat

nerveux (adj)	กระวนกระวาย	grà won grà waai
s'énerver (vp)	กระวนกระวาย	grà won grà waai
fâché (adj)	โกรธ	gròht
fâcher (vt)	ทำให้...โกรธ	tham hâi...gròht

humiliation (f)	ความเสียดเย้ย	khwaam sìat yóie
humilier (vt)	ฉีกหน้า	chèek nâa
s'humilier (vp)	ฉีกหน้าตนเอง	chèek nâa dton ayng

choc (m)	ความตกตะลึง	khwaam dtòk dtà-leung
choquer (vt)	ทำให้...ตกตะลึง	tham hâi...dtòk dtà-leung
ennui (m) (problème)	ปัญหา	bpan-hǎa
désagréable (adj)	ไมนาพึงพอใจ	mâi nâa pheung phor jai
peur (f)	ความกลัว	khwaam glua
terrible (tempête, etc.)	แย	yâe
effrayant (histoire ~e)	นากลัว	nâa glua
horreur (f)	ความกลัว	khwaam glua
horrible (adj)	แยมาก	yâe mâak
commencer à trembler	เริ่มตัวสั่น	rêrm dtua sàn
pleurer (vi)	รองไห	rórng hâi
se mettre à pleurer	เริ่มรองไห้	rêrm rórng hâi
larme (f)	น้ำตา	nám dtaa
faute (f)	ความผิด	khwaam phìt
culpabilité (f)	ผิด	phìt
déshonneur (m)	เสียเกียรติ	sǐa gìat
protestation (f)	การประทวง	gaan bprà-thúang
stress (m)	ความวาวุนใจ	khwaam wáa-wûn-jai
déranger (vt)	รบกวน	róp guan
être furieux	โกรธจัด	gròht jàt
en colère, fâché (adj)	โกรธ	gròht
rompre (relations)	ยุติ	yút-dtì
réprimander (vt)	ดุดา	dù dàa
prendre peur	ตกใจ	dtòk jai
frapper (vt)	ตี	dtee
se battre (vp)	สู	sôo
régler (~ un conflit)	ยุติ	yút-dtì
mécontent (adj)	ไมพอใจ	mâi phor jai
enragé (adj)	โกรธจัด	gròht jàt
Ce n'est pas bien!	มันไม่ค่อยดี	man mâi khôi dee
C'est mal!	มันไมดีเลย	man mâi dee loie

La médecine

68. Les maladies

maladie (f)	โรค	rôhk
être malade	ป่วย	bpùay
santé (f)	สุขภาพ	sùk-khà-phâap
rhume (m) (coryza)	น้ำมูกไหล	nám môok lăi
angine (f)	ตอมทอนซิลอักเสบ	dtòm thorn-sin àk-sàyp
refroidissement (m)	หวัด	wàt
prendre froid	เป็นหวัด	bpen wàt
bronchite (f)	โรคหลอดลมอักเสบ	rôhk lòrt lom àk-sàyp
pneumonie (f)	โรคปอดบวม	rôhk bpòrt-buam
grippe (f)	ไขหวัดใหญ่	khâi wàt yài
myope (adj)	สายตาสั้น	săai dtaa sân
presbyte (adj)	สายตายาว	săai dtaa yaao
strabisme (m)	ตาเหล	dtaa lày
strabique (adj)	เป็นตาเหล่	bpen dtaa kăy rĕu lày
cataracte (f)	ตอกระจก	dtôr grà-jòk
glaucome (m)	ตอหิน	dtôr hĭn
insulte (f)	โรคหลอดเลือดสมอง	rôhk lòrt lêuat sà-mŏrng
crise (f) cardiaque	อาการหัวใจวาย	aa-gaan hŭa jai waai
infarctus (m) de myocarde	กลามเนื้อหัวใจตาย	glâam néua hŭa jai dtaai
	เหตุขาดเลือด	hàyt khàat lêuat
paralysie (f)	อัมพาต	am-má-phâat
paralyser (vt)	ทำให้เป็นอัมพาต	tham hâi bpen am-má-phâat
allergie (f)	ภูมิแพ้	phoom pháe
asthme (m)	โรคหืด	rôhk hèut
diabète (m)	โรคเบาหวาน	rôhk bao wăan
mal (m) de dents	อาการปวดฟัน	aa-gaan bpùat fan
carie (f)	ฟันผุ	fan phù
diarrhée (f)	อาการท้องเสีย	aa-gaan thórng sĭa
constipation (f)	อาการทองผูก	aa-gaan thórng phòok
estomac (m) barbouillé	อาการปวดทอง	aa-gaan bpùat thórng
intoxication (f) alimentaire	ภาวะอาหารเป็นพิษ	phaa-wá aa hăan bpen pít
être intoxiqué	กินอาหารเป็นพิษ	gin aa hăan bpen phít
arthrite (f)	โรคข้ออักเสบ	rôhk khôr àk-sàyp
rachitisme (m)	โรคกระดูกออน	rôhk grà-dòok òrn
rhumatisme (m)	โรครูมาติก	rôhk roo-maa-dtìk
athérosclérose (f)	ภาวะหลอดเลือดแข็ง	phaa-wá lòrt lêuat khăeng
gastrite (f)	โรคกระเพาะอาหาร	rôhk grà-phór aa-hăan
appendicite (f)	ไสติ่งอักเสบ	sâi dtìng àk-sàyp

| cholécystite (f) | โรคถุงน้ำดีอักเสบ | rôhk thǔng nám dee àk-sàyp |
| ulcère (m) | แผลเปื่อย | phlǎe bpèuay |

rougeole (f)	โรคหัด	rôhk hàt
rubéole (f)	โรคหัดเยอรมัน	rôhk hàt yer-rá-man
jaunisse (f)	โรคดีซ่าน	rôhk dee sâan
hépatite (f)	โรคตับอักเสบ	rôhk dtàp àk-sàyp

schizophrénie (f)	โรคจิตเภท	rôhk jìt-dtà-phâyt
rage (f) (hydrophobie)	โรคพิษสุนัขบ้า	rôhk phít sù-nák bâa
névrose (f)	โรคประสาท	rôhk bprà-sàat
commotion (f) cérébrale	สมองกระทบกระเทือน	sà-mǒrng grà-thóp grà-theuan

cancer (m)	มะเร็ง	má-reng
sclérose (f)	การแข็งตัวของเนื้อเยื่อรางกาย	gaan kǎeng dtua kǒng néua yêua râang gaai
sclérose (f) en plaques	โรคปลอกประสาทเสื่อมแข็ง	rôhk bplòk bprà-sàat sèuam kǎeng

alcoolisme (m)	โรคพิษสุราเรื้อรัง	rôhk phít sù-raa réua rang
alcoolique (m)	คนขี้เหลา	khon khêe lâo
syphilis (f)	โรคซิฟิลิส	rôhk sí-fí-lít
SIDA (m)	โรคเอดส์	rôhk àyt

tumeur (f)	เนื้องอก	néua ngôk
maligne (adj)	ราย	ráai
bénigne (adj)	ไมราย	mâi ráai

fièvre (f)	ไข้	khâi
malaria (f)	ไข้มาลาเรีย	kâi maa-laa-ria
gangrène (f)	เนื้อตายเนา ๆ	néua dtaai nâo
mal (m) de mer	ภาวะเมาคลื่น	phaa-wá mao khlêun
épilepsie (f)	โรคลมบาหมู	rôhk lom bâa-mǒo

épidémie (f)	โรคระบาด	rôhk rá-bàat
typhus (m)	โรครากสาดใหญ่	rôhk râak-sàat yài
tuberculose (f)	วัณโรค	wan-ná-rôhk
choléra (m)	อหิวาตกโรค	a-hì-wâat-gà-rôhk
peste (f)	กาฬโรค	gaan-lá-rôhk

69. Les symptômes. Le traitement. Partie 1

symptôme (m)	อาการ	aa-gaan
température (f)	อุณหภูมิ	un-hà-phoom
fièvre (f)	อุณหภูมิสูง	un-hà-phoom sǒong
pouls (m)	ชีพจร	chêep-phá-jon

vertige (m)	อาการเวียนหัว	aa-gaan wian hǔa
chaud (adj)	รอน	rórn
frisson (m)	หนาวสั่น	nǎao sàn
pâle (adj)	หนาเชียว	nâa sieow
toux (f)	การไอ	gaan ai
tousser (vi)	ไอ	ai

éternuer (vi)	จาม	jaam
évanouissement (m)	การเป็นลม	gaan bpen lom
s'évanouir (vp)	เป็นลม	bpen lom
bleu (m)	ฟกช้ำ	fók chám
bosse (f)	บวม	buam
se heurter (vp)	ชน	chon
meurtrissure (f)	รอยฟกช้ำ	roi fók chám
se faire mal	ได้รอยช้ำ	dâai roi chám
boiter (vi)	กะโผลกกะเผลก	gà-phlòhk-gà-phlàyk
foulure (f)	ขอหลุด	khôr lùt
se démettre (l'épaule, etc.)	ทำขอหลุด	tham khôr lùt
fracture (f)	กระดูกหัก	grà-dòok hàk
avoir une fracture	หักกระดูก	hàk grà-dòok
coupure (f)	รอยบาด	roi bàat
se couper (~ le doigt)	ทำบาด	tham bàat
hémorragie (f)	การเลือดไหล	gaan lêuat lǎi
brûlure (f)	แผลไฟไหม้	phlǎe fai mâi
se brûler (vp)	ได้รับแผลไฟไหม้	dâai ráp phlǎe fai mâi
se piquer (le doigt)	ตำ	dtam
se piquer (vp)	ตำตัวเอง	dtam dtua ayng
blesser (vt)	ทำให้บาดเจ็บ	tham hâi bàat jèp
blessure (f)	การบาดเจ็บ	gaan bàat jèp
plaie (f) (blessure)	แผล	phlǎe
trauma (m)	แผลบาดเจ็บ	phlǎe bàat jèp
délirer (vi)	คลุ้มคลั่ง	khlúm khlâng
bégayer (vi)	พูดตะกุกตะกัก	phôot dtà-gùk-dtà-gàk
insolation (f)	โรคลมแดด	rôhk lom dàet

70. Les symptômes. Le traitement. Partie 2

douleur (f)	ความเจ็บปวด	khwaam jèp bpùat
écharde (f)	เสี้ยน	sîan
sueur (f)	เหงื่อ	ngèua
suer (vi)	เหงื่อออก	ngèua òrk
vomissement (m)	การอาเจียน	gaan aa-jian
spasmes (m pl)	การชัก	gaan chák
enceinte (adj)	ตั้งครรภ์	dtâng khan
naître (vi)	เกิด	gèrt
accouchement (m)	การคลอด	gaan khlôrt
accoucher (vi)	คลอดบุตร	khlôrt bùt
avortement (m)	การแทงบุตร	gaan tháeng bùt
respiration (f)	การหายใจ	gaan hǎai-jai
inhalation (f)	การหายใจเข้า	gaan hǎai-jai khâo
expiration (f)	การหายใจออก	gaan hǎai-jai òrk
expirer (vi)	หายใจออก	hǎai-jai òrk

inspirer (vi)	หายใจเข้า	hăai-jai khâo
invalide (m)	คนพิการ	khon phí-gaan
handicapé (m)	พิการ	phí-gaan
drogué (m)	ผู้ติดยาเสพติด	phôo dtìt yaa-sàyp-dtìt

sourd (adj)	หูหนวก	hŏo nùak
muet (adj)	เป็นใบ	bpen bâi
sourd-muet (adj)	หูหนวกเป็นใบ	hŏo nùak bpen bâi

fou (adj)	บ้า	bâa
fou (m)	คนบ้า	khon bâa
folle (f)	คนบา	khon bâa
devenir fou	เสียสติ	sĭa sà-dtì

gène (m)	ยีน	yeun
immunité (f)	ภูมิคุ้มกัน	phoom khúm gan
héréditaire (adj)	เป็นกรรมพันธุ์	bpen gam-má-phan
congénital (adj)	แต่กำเนิด	dtàe gam-nèrt

virus (m)	เชื้อไวรัส	chéua wai-rát
microbe (m)	จุลินทรีย์	jù-lin-see
bactérie (f)	แบคทีเรีย	bàek-tee-ria
infection (f)	การติดเชื้อ	gaan dtìt chéua

71. Les symptômes. Le traitement. Partie 3

| hôpital (m) | โรงพยาบาล | rohng phá-yaa-baan |
| patient (m) | ผู้ป่วย | phôo bpùay |

diagnostic (m)	การวินิจฉัยโรค	gaan wí-nít-chăi rôhk
cure (f) (faire une ~)	การรักษา	gaan rák-săa
traitement (m)	การรักษา ทางการแพทย์	gaan rák-săa thaang gaan phâet
se faire soigner	รับการรักษา	ráp gaan rák-săa
traiter (un patient)	รักษา	rák-săa
soigner (un malade)	รักษา	rák-săa
soins (m pl)	การดูแลรักษา	gaan doo lae rák-săa

opération (f)	การผ่าตัด	gaan phàa dtàt
panser (vt)	พันแผล	phan phlăe
pansement (m)	การพันแผล	gaan phan phlăe

vaccination (f)	การฉีดวัคซีน	gaan chèet wák-seen
vacciner (vt)	ฉีดวัคซีน	chèet wák-seen
piqûre (f)	การฉีดยา	gaan chèet yaa
faire une piqûre	ฉีดยา	chèet yaa

crise, attaque (f)	มีอาการเฉียบพลัน	mee aa-gaan chìap phlan
amputation (f)	การตัดอวัยวะออก	gaan dtàt a-wai-wá òrk
amputer (vt)	ตัด	dtàt
coma (m)	อาการโคม่า	aa-gaan khoh-mâa
être dans le coma	อยู่ในอาการโคม่า	yòo nai aa-gaan khoh-mâa
réanimation (f)	หน่วยอภิบาล	nùay à-phí-baan
se rétablir (vp)	ฟื้นตัว	féun dtua

état (m) (de santé)	อาการ	aa-gaan
conscience (f)	สติสัมปชัญญะ	sà-dtì săm-bpà-chan-yá
mémoire (f)	ความทรงจำ	khwaam song jam
arracher (une dent)	ถอน	thŏrn
plombage (m)	การอุด	gaan ùt
plomber (vt)	อุด	ùt
hypnose (f)	การสะกดจิต	gaan sà-gòt jìt
hypnotiser (vt)	สะกดจิต	sà-gòt jìt

72. Les médecins

médecin (m)	แพทย์	phâet
infirmière (f)	พยาบาล	phá-yaa-baan
médecin (m) personnel	แพทย์สวนตัว	phâet sùan dtua
dentiste (m)	ทันตแพทย์	than-dtà phâet
ophtalmologiste (m)	จักษุแพทย์	jàk-sù phâet
généraliste (m)	อายุรแพทย์	aa-yú-rá-phâet
chirurgien (m)	ศัลยแพทย์	săn-yá-phâet
psychiatre (m)	จิตแพทย์	jìt-dtà-phâet
pédiatre (m)	กุมารแพทย์	gù-maan phâet
psychologue (m)	นักจิตวิทยา	nák jìt wít-thá-yaa
gynécologue (m)	นรีแพทย์	ná-ree phâet
cardiologue (m)	หทัยแพทย์	hà-thai phâet

73. Les médicaments. Les accessoires

médicament (m)	ยา	yaa
remède (m)	ยา	yaa
prescrire (vt)	จ่ายยา	jàai yaa
ordonnance (f)	ใบสั่งยา	bai sàng yaa
comprimé (m)	ยาเม็ด	yaa mét
onguent (m)	ยาทา	yaa thaa
ampoule (f)	หลอดยา	lòrt yaa
mixture (f)	ยาสวนผสม	yaa sùan phà-sŏm
sirop (m)	น้ำเชื่อม	nám chêuam
pilule (f)	ยาเม็ด	yaa mét
poudre (f)	ยาผง	yaa phŏng
bande (f)	ผ้าพันแผล	phâa phan phlăe
coton (m) (ouate)	สำลี	săm-lee
iode (m)	ไอโอดีน	ai oh-deen
sparadrap (m)	พลาสเตอร์	phláat-dtêr
compte-gouttes (m)	ที่หยอดตา	thêe yòrt dtaa
thermomètre (m)	ปรอท	bpa -ròrt
seringue (f)	เข็มฉีดยา	khĕm chèet-yaa
fauteuil (m) roulant	รถเข็นคนพิการ	rót khĕn khon phí-gaan

béquilles (f pl)	ไม้ค้ำยัน	máai khám yan
anesthésique (m)	ยาแก้ปวด	yaa gâe bpùat
purgatif (m)	ยาระบาย	yaa rá-baai
alcool (m)	เอธานอล	ay-thaa-norn
herbe (f) médicinale	สมุนไพร ทางการแพทย์	sà-mŭn phrai thaang gaan phâet
d'herbes (adj)	สมุนไพร	sà-mŭn phrai

74. Le tabac et ses produits dérivés

tabac (m)	ยาสูบ	yaa sòop
cigarette (f)	บุหรี่	bù rèe
cigare (f)	ซิการ์	sí-gâa
pipe (f)	ไปป์	bpai
paquet (m)	ซอง	sorng

allumettes (f pl)	ไม้ขีด	máai khèet
boîte (f) d'allumettes	กล่องไม้ขีด	glòrng máai khèet
briquet (m)	ไฟแช็ก	fai cháek
cendrier (m)	ที่เขี่ยบุหรี่	thêe khìa bù rèe
étui (m) à cigarettes	กล่องใส่บุหรี่	glòrng sài bù rèe

| fume-cigarette (m) | ที่ต่อบุหรี่ | thêe dtòr bù rèe |
| filtre (m) | ตัวกรองบุหรี่ | dtua grorng bù rèe |

fumer (vi, vt)	สูบ	sòop
allumer une cigarette	จุดบุหรี่	jùt bù rèe
tabagisme (m)	การสูบบุหรี่	gaan sòop bù rèe
fumeur (m)	ผู้สูบบุหรี่	pôo sòop bù rèe

mégot (m)	ก้นบุหรี่	gôn bù rèe
fumée (f)	ควันบุหรี่	khwan bù rèe
cendre (f)	ขี้บุหรี่	khêe bù rèe

L'HABITAT HUMAIN

La ville

ville (f)	เมือง	meuang
capitale (f)	เมืองหลวง	meuang lǔang
village (m)	หมู่บ้าน	mòo bâan
plan (m) de la ville	แผนที่เมือง	phǎen thêe meuang
centre-ville (m)	ใจกลางเมือง	jai glaang-meuang
banlieue (f)	ชานเมือง	chaan meuang
de banlieue (adj)	ชานเมือง	chaan meuang
périphérie (f)	รอบนอกเมือง	rôrp nôrk meuang
alentours (m pl)	เขตรอบเมือง	khàyt rôrp-meuang
quartier (m)	บล็อกผังเมือง	blòrk phǎng meuang
quartier (m) résidentiel	บล็อกที่อยู่อาศัย	blòrk thêe yòo aa-sǎi
trafic (m)	การจราจร	gaan jà-raa-jon
feux (m pl) de circulation	ไฟจราจร	fai jà-raa-jon
transport (m) urbain	ขนส่งมวลชน	khǒn sòng muan chon
carrefour (m)	สี่แยก	sèe yâek
passage (m) piéton	ทางม้าลาย	thaang máa laai
passage (m) souterrain	อุโมงค์คนเดิน	u-mohng kon dern
traverser (vt)	ข้าม	khâam
piéton (m)	คนเดินเท้า	khon dern tháo
trottoir (m)	ทางเท้า	thaang tháo
pont (m)	สะพาน	sà-phaan
quai (m)	ทางเลียบแม่น้ำ	thaang lîap mâe náam
fontaine (f)	น้ำพุ	nám phú
allée (f)	ทางเลียบสวน	thaang lîap sǔan
parc (m)	สวน	sǔan
boulevard (m)	ถนนกว้าง	thà-nǒn gwâang
place (f)	จัตุรัส	jàt-dtù-ràt
avenue (f)	ถนนใหญ่	thà-nǒn yài
rue (f)	ถนน	thà-nǒn
ruelle (f)	ซอย	soi
impasse (f)	ทางตัน	thaang dtan
maison (f)	บ้าน	bâan
édifice (m)	อาคาร	aa-khaan
gratte-ciel (m)	ตึกระฟ้า	dtèuk rá-fáa
façade (f)	ด้านหน้าอาคาร	dâan-nâa aa-khaan
toit (m)	หลังคา	lǎng khaa

fenêtre (f)	หน้าต่าง	nâa dtàang
arc (m)	ซุมประตู	súm bprà-dtoo
colonne (f)	เสา	săo
coin (m)	มุม	mum
vitrine (f)	หน้าต่างร้านค้า	nâa dtàang ráan kháa
enseigne (f)	ป้ายราน	bpâai ráan
affiche (f)	โปสเตอร์	bpòht-dtêr
affiche (f) publicitaire	ป้ายโฆษณา	bpâai khôht-sà-naa
panneau-réclame (m)	กระดานปิดประกาศ	grà-daan bpìt bprà-gàat
	โฆษณา	khôht-sà-naa
ordures (f pl)	ขยะ	khà-yà
poubelle (f)	ถุงขยะ	thăng khà-yà
jeter à terre	ทิ้งขยะ	thíng khà-yà
décharge (f)	ที่ทิ้งขยะ	thêe thíng khà-yà
cabine (f) téléphonique	ตู้โทรศัพท์	dtôo thoh-rá-sàp
réverbère (m)	เสาโคม	săo khohm
banc (m)	ม้านั่ง	máa nâng
policier (m)	เจ้าหน้าที่ตำรวจ	jâo nâa-thêe dtam-rùat
police (f)	ตำรวจ	dtam-rùat
clochard (m)	ขอทาน	khŏr thaan
sans-abri (m)	คนไร้บาน	khon rái bâan

76. Les institutions urbaines

magasin (m)	ฐานค้า	ráan kháa
pharmacie (f)	ฐานขายยา	ráan khăai yaa
opticien (m)	รานตัดแว่น	ráan dtàt wâen
centre (m) commercial	ศูนย์การค้า	sŏon gaan kháa
supermarché (m)	ซูเปอร์มาร์เก็ต	soo-bper-maa-gèt
boulangerie (f)	ร้านขนมปัง	ráan khà-nŏm bpang
boulanger (m)	คนอบขนมปัง	khon òp khà-nŏm bpang
pâtisserie (f)	ฐานขนม	ráan khà-nŏm
épicerie (f)	ฐานขายของชำ	ráan khăai khŏrng cham
boucherie (f)	รานขายเนื้อ	ráan khăai néua
magasin (m) de légumes	ร้านขายผัก	ráan khăai phàk
marché (m)	ตลาด	dtà-làat
salon (m) de café	ฐานกาแฟ	ráan gaa-fae
restaurant (m)	รานอาหาร	ráan aa-hăan
brasserie (f)	บาร์	baa
pizzeria (f)	รานพิซซ่า	ráan phís-sâa
salon (m) de coiffure	ร้านทำผม	ráan tham phŏm
poste (f)	โรงไปรษณีย์	rohng bprai-sà-nee
pressing (m)	ฐานซักแห้ง	ráan sák hâeng
atelier (m) de photo	ห้องถายภาพ	hôrng thàai phâap
magasin (m) de chaussures	ฐานขายรองเท้า	ráan khăai rorng táo
librairie (f)	รานขายหนังสือ	ráan khăai năng-sĕu

magasin (m) d'articles de sport	ร้านขายอุปกรณ์กีฬา	ráan khǎai u-bpà-gon gee-laa
atelier (m) de retouche	ร้านซ่อมเสื้อผ้า	ráan sôrm sêua phâa
location (f) de vêtements	ร้านเช่าเสื้อออกงาน	ráan châo sêua òrk ngaan
location (f) de films	ร้านเช่าวิดีโอ	ráan châo wí-dee-oh
cirque (m)	โรงละครสัตว์	rohng lá-khon sàt
zoo (m)	สวนสัตว์	sǔan sàt
cinéma (m)	โรงภาพยนตร์	rohng phâap-phá-yon
musée (m)	พิพิธภัณฑ์	phí-phítha phan
bibliothèque (f)	ห้องสมุด	hôrng sà-mùt
théâtre (m)	โรงละคร	rohng lá-khon
opéra (m)	โรงอุปรากร	rohng ù-bpà-raa-gon
boîte (f) de nuit	ไนท์คลับ	nai-khláp
casino (m)	คาสิโน	khaa-sì-noh
mosquée (f)	สุเหร่า	sù-rào
synagogue (f)	โบสถ์ยิว	bòht yiw
cathédrale (f)	อาสนวิหาร	aa sǒn wí-hǎan
temple (m)	วิหาร	wí-hǎan
église (f)	โบสถ์	bòht
institut (m)	วิทยาลัย	wít-thá-yaa-lai
université (f)	มหาวิทยาลัย	má-hǎa wít-thá-yaa-lai
école (f)	โรงเรียน	rohng rian
préfecture (f)	ศาลากลางจังหวัด	sǎa-laa glaang jang-wàt
mairie (f)	ศาลาเทศบาล	sǎa-laa thâyt-sà-baan
hôtel (m)	โรงแรม	rohng raem
banque (f)	ธนาคาร	thá-naa-khaan
ambassade (f)	สถานทูต	sà-thǎan thôot
agence (f) de voyages	บริษัททัวร์	bor-rí-sàt thua
bureau (m) d'information	สำนักงาน	sǎm-nák ngaan
	ศูนย์ข้อมูล	sǒon khôr moon
bureau (m) de change	ร้านแลกเงิน	ráan lâek ngern
métro (m)	รถไฟใต้ดิน	rót fai dtâi din
hôpital (m)	โรงพยาบาล	rohng phá-yaa-baan
station-service (f)	ปั๊มน้ำมัน	bpám náam man
parking (m)	ลานจอดรถ	laan jòrt rót

77. Les transports en commun

autobus (m)	รถเมล์	rót may
tramway (m)	รถราง	rót raang
trolleybus (m)	รถโดยสารประจำ	rót doi sǎan bprà-jam
	ทางไฟฟ้า	thaang fai fáa
itinéraire (m)	เส้นทาง	sên thaang
numéro (m)	หมายเลข	mǎai lâyk
prendre ...	ไปด้วย	bpai dûay
monter (dans l'autobus)	ขึ้น	khêun

descendre de ...	ลง	long
arrêt (m)	ป้าย	bpâai
arrêt (m) prochain	ป้ายถัดไป	bpâai thàt bpai
terminus (m)	ป้ายสุดท้าย	bpâai sùt tháai
horaire (m)	ตารางเวลา	dtaa-raang way-laa
attendre (vt)	รอ	ror
ticket (m)	ตั๋ว	dtǔa
prix (m) du ticket	ค่าตั๋ว	khâa dtǔa
caissier (m)	คนขายตั๋ว	khon khǎai dtǔa
contrôle (m) des tickets	การตรวจตั๋ว	gaan dtrùat dtǔa
contrôleur (m)	พนักงานตรวจตั๋ว	phá-nák ngaan dtrùat dtǔa
être en retard	ไปสาย	bpai sǎai
rater (~ le train)	พลาด	phlâat
se dépêcher	รีบเร่ง	rêep râyng
taxi (m)	แท็กซี่	tháek-sêe
chauffeur (m) de taxi	คนขับแท็กซี่	khon khàp tháek-sêe
en taxi	โดยแท็กซี่	doi tháek-sêe
arrêt (m) de taxi	ป้ายจอดแท็กซี่	bpâai jòrt tháek sêe
appeler un taxi	เรียกแท็กซี่	rîak tháek sêe
prendre un taxi	ขึ้นรถแท็กซี่	khêun rót tháek-sêe
trafic (m)	การจราจร	gaan jà-raa-jon
embouteillage (m)	การจราจรติดขัด	gaan jà-raa-jon dtìt khàt
heures (f pl) de pointe	ชั่วโมงเร่งด่วน	chûa mohng râyng dùan
se garer (vp)	จอด	jòrt
garer (vt)	จอด	jòrt
parking (m)	ลานจอดรถ	laan jòrt rót
métro (m)	รถไฟใต้ดิน	rót fai dtâi din
station (f)	สถานี	sà-thǎa-nee
prendre le métro	ขึ้นรถไฟใต้ดิน	khêun rót fai dtâi din
train (m)	รถไฟ	rót fai
gare (f)	สถานีรถไฟ	sà-thǎa-nee rót fai

78. Le tourisme

monument (m)	อนุสาวรีย์	a-nú-sǎa-wá-ree
forteresse (f)	ป้อม	bpôrm
palais (m)	วัง	wang
château (m)	ปราสาท	bpraa-sàat
tour (f)	หอ	hǒr
mausolée (m)	สุสาน	sù-sǎan
architecture (f)	สถาปัตยกรรม	sà-thǎa-bpàt-dtà-yá-gam
médiéval (adj)	ยุคกลาง	yúk glaang
ancien (adj)	โบราณ	boh-raan
national (adj)	แห่งชาติ	hàeng châat
connu (adj)	ที่มีชื่อเสียง	thêe mee chêu-sǐang
touriste (m)	นักท่องเที่ยว	nák thôrng thîeow
guide (m) (personne)	มัคคุเทศก์	mák-khú-thâyt

excursion (f)	ทัศนศึกษา	thát-sà-ná-sèuk-sǎa
montrer (vt)	แสดง	sà-daeng
raconter (une histoire)	เล่า	lâo

trouver (vt)	หาพบ	hǎa phóp
se perdre (vp)	หลงทาง	lǒng thaang
plan (m) (du metro, etc.)	แผนที่	phǎen thêe
carte (f) (de la ville, etc.)	แผนที่	phǎen thêe

souvenir (m)	ของที่ระลึก	khǒrng thêe rá-léuk
boutique (f) de souvenirs	ร้านขาย ของที่ระลึก	ráan khǎai khǒrng thêe rá-léuk
prendre en photo	ถ่ายภาพ	thàai phâap
se faire prendre en photo	ได้รับการ ถ่ายภาพให้	dâai ráp gaan thàai phâap hâi

79. Le shopping

acheter (vt)	ซื้อ	séu
achat (m)	ของซื้อ	khǒrng séu
faire des achats	ไปซื้อของ	bpai séu khǒrng
shopping (m)	การช้อปปิ้ง	gaan chôp bping

| être ouvert | เปิด | bpèrt |
| être fermé | ปิด | bpìt |

chaussures (f pl)	รองเท้า	rorng tháo
vêtement (m)	เสื้อผ้า	sêua phâa
produits (m pl) de beauté	เครื่องสำอาง	khrêuang sǎm-aang
produits (m pl) alimentaires	อาหาร	aa-hǎan
cadeau (m)	ของขวัญ	khǒrng khwǎn

| vendeur (m) | พนักงานขาย | phá-nák ngaan khǎai |
| vendeuse (f) | พนักงานขาย | phá-nák ngaan khǎai |

caisse (f)	ที่จ่ายเงิน	thêe jàai ngern
miroir (m)	กระจก	grà-jòk
comptoir (m)	เคาน์เตอร์	khao-dtêr
cabine (f) d'essayage	ห้องลองเสื้อผ้า	hôrng lorng sêua phâa

essayer (robe, etc.)	ลอง	lorng
aller bien (robe, etc.)	เหมาะ	mò
plaire (être apprécié)	ชอบ	chôrp

prix (m)	ราคา	raa-khaa
étiquette (f) de prix	ป้ายราคา	bpâai raa-khaa
coûter (vt)	ราคา	raa-khaa
Combien?	ราคาเท่าไหร่?	raa-khaa thâo rài
rabais (m)	ลดราคา	lót raa-khaa

pas cher (adj)	ไม่แพง	mâi phaeng
bon marché (adj)	ถูก	thòok
cher (adj)	แพง	phaeng
C'est cher	มันราคาแพง	man raa-khaa phaeng

location (f)	การเช่า	gaan châo
louer (une voiture, etc.)	เช่า	châo
crédit (m)	สินเชื่อ	sĭn chêua
à crédit (adv)	ซื้อเงินเชื่อ	séu ngern chêua

80. L'argent

argent (m)	เงิน	ngern
échange (m)	การแลกเปลี่ยน สกุลเงิน	gaan lâek bplìan sà-gun ngern
cours (m) de change	อัตราแลกเปลี่ยน สกุลเงิน	àt-dtraa lâek bplìan sà-gun ngern
distributeur (m)	เอทีเอ็ม	ay-thee-em
monnaie (f)	เหรียญ	rĭan
dollar (m)	ดอลลาร์	dorn-lâa
euro (m)	ยูโร	yoo-roh
lire (f)	ลีราอิตาลี	lee-raa ì-dtaa-lee
mark (m) allemand	มาร์ค	mâak
franc (m)	ฟรังค์	frang
livre sterling (f)	ปอนด์สเตอร์ลิง	bporn sà-dtêr-ling
yen (m)	เยน	yayn
dette (f)	หนี้	nêe
débiteur (m)	ลูกหนี้	lôok nêe
prêter (vt)	ให้ยืม	hâi yeum
emprunter (vt)	ขอยืม	khŏr yeum
banque (f)	ธนาคาร	thá-naa-khaan
compte (m)	บัญชี	ban-chee
verser (dans le compte)	ฝาก	fàak
verser dans le compte	ฝากเงินเข้าบัญชี	fàak ngern khâo ban-chee
retirer du compte	ถอน	thŏrn
carte (f) de crédit	บัตรเครดิต	bàt khray-dìt
espèces (f pl)	เงินสด	ngern sòt
chèque (m)	เช็ค	chék
faire un chèque	เขียนเช็ค	khĭan chék
chéquier (m)	สมุดเช็ค	sà-mùt chék
portefeuille (m)	กระเป๋าเงิน	grà-bpăo ngern
bourse (f)	กระเป๋าสตางค์	grà-bpăo sà-dtaang
coffre fort (m)	ตู้เซฟ	dtôo sâyf
héritier (m)	ทายาท	thaa-yâat
héritage (m)	มรดก	mor-rá-dòrk
fortune (f)	เงินจำนวนมาก	ngern jam-nuan mâak
location (f)	สัญญาเช่า	săn-yaa châo
loyer (m) (argent)	ค่าเช่า	kâa châo
louer (prendre en location)	เช่า	châo
prix (m)	ราคา	raa-khaa
coût (m)	ราคา	raa-khaa

somme (f)	จำนวนเงินรวม	jam-nuan ngern ruam
dépenser (vt)	จ่าย	jàai
dépenses (f pl)	ค่าจ่าย	khâa jàai
économiser (vt)	ประหยัด	bprà-yàt
économe (adj)	ประหยัด	bprà-yàt
payer (régler)	จ่าย	jàai
paiement (m)	การจ่ายเงิน	gaan jàai ngern
monnaie (f) (rendre la ~)	เงินทอน	ngern thorn
impôt (m)	ภาษี	phaa-sěe
amende (f)	ค่าปรับ	khâa bpràp
mettre une amende	ปรับ	bpràp

81. La poste. Les services postaux

poste (f)	โรงไปรษณีย์	rohng bprai-sà-nee
courrier (m) (lettres, etc.)	จดหมาย	jòt mǎai
facteur (m)	บุรุษไปรษณีย์	bù-rùt bprai-sà-nee
heures (f pl) d'ouverture	เวลาทำการ	way-laa tham gaan
lettre (f)	จดหมาย	jòt mǎai
recommandé (m)	จดหมายลงทะเบียน	jòt mǎai long thá-bian
carte (f) postale	ไปรษณียบัตร	bprai-sà-nee-yá-bàt
télégramme (m)	โทรเลข	thoh-rá-lâyk
colis (m)	พัสดุ	phát-sà-dù
mandat (m) postal	การโอนเงิน	gaan ohn ngern
recevoir (vt)	รับ	ráp
envoyer (vt)	ฝาก	fàak
envoi (m)	การฝาก	gaan fàak
adresse (f)	ที่อยู่	thêe yòo
code (m) postal	รหัสไปรษณีย์	rá-hàt bprai-sà-nee
expéditeur (m)	ผู้ฝาก	phôo fàak
destinataire (m)	ผู้รับ	phôo ráp
prénom (m)	ชื่อ	chêu
nom (m) de famille	นามสกุล	naam sà-gun
tarif (m)	อัตราค่าส่งไปรษณีย์	àt-dtraa khâa sòng bprai-sà-nee
normal (adj)	มาตรฐาน	mâat-dtrà-thǎan
économique (adj)	ประหยัด	bprà-yàt
poids (m)	น้ำหนัก	nám nàk
peser (~ les lettres)	มีน้ำหนัก	mee nám nàk
enveloppe (f)	ซอง	sorng
timbre (m)	แสตมป์ไปรษณีย์	sà-dtaem bprai-sà-nee
timbrer (vt)	แสตมป์ตราประทับบนซอง	sà-dtaem dtraa bprà-tháp bon song

Le logement. La maison. Le foyer

82. La maison. Le logis

maison (f)	บ้าน	bâan
chez soi	ที่บาน	thêe bâan
cour (f)	สูนาม	sà-nǎam
clôture (f)	รั้ว	rúa
brique (f)	อิฐ	ìt
en brique (adj)	อิฐ	ìt
pierre (f)	หิน	hǐn
en pierre (adj)	หิน	hǐn
béton (m)	คอนกรีต	khorn-grèet
en béton (adj)	คอนกรีต	khorn-grèet
neuf (adj)	ใหม่	mài
vieux (adj)	เก่า	gào
délabré (adj)	เสื่อมสภาพ	sèuam sà-phâap
moderne (adj)	ทันสมัย	than sà-mǎi
à plusieurs étages	ที่มีหลายชั้น	thêe mee lǎai chán
haut (adj)	สูง	sǒong
étage (m)	ชั้น	chán
sans étage (adj)	ชั้นเดียว	chán dieow
rez-de-chaussée (m)	ชั้นลาง	chán lâang
dernier étage (m)	ชั้นบนสุด	chán bon sùt
toit (m)	หลังคา	lǎng khaa
cheminée (f)	ปลองควัน	bplòrng khwan
tuile (f)	กระเบื้องหลังคา	grà-bêuang lǎng khaa
en tuiles (adj)	กระเบื้อง	grà-bêuang
grenier (m)	หองใตหลังคา	hôrng dtâi lǎng-khaa
fenêtre (f)	หน้าต่าง	nâa dtàang
vitre (f)	แกว	gâew
rebord (m)	ชั้นติดผนัง	chán dtìt phà-nǎng
	ใตหนาตาง	dtâi nâa dtàang
volets (m pl)	ชัตเตอร์	chát-dtêr
mur (m)	ฝาผนัง	fǎa phà-nǎng
balcon (m)	ระเบียง	rá-biang
gouttière (f)	รางน้ำ	raang náam
en haut (à l'étage)	ชั้นบน	chán bon
monter (vi)	ขึ้นไปขางบน	khêun bpai khâang bon
descendre (vi)	ลง	long
déménager (vi)	ยายไป	yáai bpai

83. La maison. L'entrée. L'ascenseur

entrée (f)	ทางเข้า	thaang khâo
escalier (m)	บันได	ban-dai
marches (f pl)	ขั้นบันได	khân ban-dai
rampe (f)	ราวบันได	raao ban-dai
hall (m)	ห้องโถง	hôrng thŏhng
boîte (f) à lettres	ตู้จดหมาย	dtôo jòt măai
poubelle (f) d'extérieur	ถังขยะ	thăng khà-yà
vide-ordures (m)	ช่องทิ้งขยะ	chôhng thíng khà-yà
ascenseur (m)	ลิฟต์	líf
monte-charge (m)	ลิฟต์ขนของ	líf khŏn khŏrng
cabine (f)	กรงลิฟต์	grorng líf
prendre l'ascenseur	ขึ้นลิฟต์	khêun líf
appartement (m)	อพาร์ตเมนต์	a-phâat-mayn
locataires (m pl)	ผู้อาศัย	phôo aa-săi
voisin (m)	เพื่อนบ้าน	phêuan bâan
voisine (f)	เพื่อนบ้าน	phêuan bâan
voisins (m pl)	เพื่อนบ้าน	phêuan bâan

84. La maison. La porte. La serrure

porte (f)	ประตู	bprà-dtoo
portail (m)	ประตูรั้ว	bprà-dtoo rúa
poignée (f)	ลูกบิดประตู	lôok bìt bprà-dtoo
déverrouiller (vt)	ไข	khăi
ouvrir (vt)	เปิด	bpèrt
fermer (vt)	ปิด	bpìt
clé (f)	ลูกกุญแจ	lôok gun-jae
trousseau (m), jeu (m)	พวง	phuang
grincer (la porte)	ออดแอ๊ด	órt-áet
grincement (m)	เสียงออดแอ๊ด	sĭang órt-áet
gond (m)	บานพับ	baan pháp
paillasson (m)	ที่เช็ดเท้า	thêe chét tháo
serrure (f)	แม่กุญแจ	mâe gun-jae
trou (m) de la serrure	รูกุญแจ	roo gun-jae
verrou (m)	ไม้ที่วางขวาง	máai thêe waang khwăng
loquet (m)	กลอนประตู	glorn bprà-dtoo
cadenas (m)	ดอกกุญแจ	dòrk gun-jae
sonner (à la porte)	กดออด	gòt òrt
sonnerie (f)	เสียงดัง	sĭang dang
sonnette (f)	กระดิ่งประตู	grà-dìng bprà-dtoo
bouton (m)	ปุ่มออดหน้าประตู	bpùm òrt nâa bprà-dtoo
coups (m pl) à la porte	เสียงเคาะ	sĭang khór
frapper (~ à la porte)	เคาะ	khór
code (m)	รหัส	rá-hàt
serrure (f) à combinaison	กุญแจรหัส	gun-jae rá-hàt

interphone (m)	อินเตอร์คอม	in-dtêr-khom
numéro (m)	เลข	lâyk
plaque (f) de porte	ป้ายหน้าประตู	bpâai nâa bprà-dtoo
judas (m)	ชองตาแมว	chôrng dtaa maew

85. La maison de campagne

village (m)	หมู่บ้าน	mòo bâan
potager (m)	สวนผัก	sŭan phàk
palissade (f)	รั้ว	rúa
clôture (f)	รั้วปักดิน	rúa bpàk din
portillon (m)	ประตูรั้วเล็กๆ	bprà-dtoo rúa lék lék
grange (f)	ยุ้งฉาง	yúng chăang
cave (f)	หองใตดิน	hôrng dtâi din
abri (m) de jardin	โรงหญ้า	rohng naa
puits (m)	บอน้ำ	bòr náam
poêle (m) (~ à bois)	เตา	dtao
chauffer le poêle	จุดไฟ	jùt fai
bois (m) de chauffage	ฟืน	feun
bûche (f)	ทอน	thôrn
véranda (f)	เฉลียงหน้าบ้าน	chà-lĭang nâa bâan
terrasse (f)	ระเบียง	rá-biang
perron (m) d'entrée	บันไดทางเข้าบ้าน	ban-dai thaang khâo bâan
balançoire (f)	ชิงชา	ching cháa

86. Le château. Le palais

château (m)	ปราสาท	bpraa-sàat
palais (m)	วัง	wang
forteresse (f)	ป้อม	bpôrm
muraille (f)	กำแพง	gam-phaeng
tour (f)	หอ	hŏr
donjon (m)	หอกลาง	hŏr klaang
herse (f)	ประตูชักรอก	bprà-dtoo chák rôrk
souterrain (m)	ทางใตดิน	taang dtâi din
douve (f)	ดูเมือง	khoo meuang
chaîne (f)	โซ่	sôh
meurtrière (f)	ชองยิงธนู	chôrng ying thá-noo
magnifique (adj)	ภัทร	phát
majestueux (adj)	โอโถง	òh thŏhng
inaccessible (adj)	ที่ไม่สวมารถ	thêe mâi săa-mâat
	เจอะเขาไปถึง	jòr khâo bpai thĕung
médiéval (adj)	ยุคกลาง	yúk glaang

87. L'appartement

appartement (m)	อพาร์ตเมนต์	a-phâat-mayn
chambre (f)	ห้อง	hôrng
chambre (f) à coucher	ห้องนอน	hôrng norn
salle (f) à manger	ห้องรับประทาน อาหาร	hôrng ráp bprà-thaan aa-hǎan
salon (m)	ห้องนั่งเล่น	hôrng nâng lên
bureau (m)	ห้องทำงาน	hôrng tham ngaan
antichambre (f)	ห้องเข้า	hôrng khâo
salle (f) de bains	ห้องน้ำ	hôrng náam
toilettes (f pl)	ห้องส้วม	hôrng sûam
plafond (m)	เพดาน	phay-daan
plancher (m)	พื้น	phéun
coin (m)	มุม	mum

88. L'appartement. Le ménage

faire le ménage	ทำความสะอาด	tham khwaam sà-àat
ranger (jouets, etc.)	เก็บ	gèp
poussière (f)	ฝุ่น	fùn
poussiéreux (adj)	มีฝุ่นเยอะ	mee fùn yúh
essuyer la poussière	ปัดกวาด	bpàt gwàat
aspirateur (m)	เครื่องดูดฝุ่น	khrêuang dòot fùn
passer l'aspirateur	ดูดฝุ่น	dòot fùn
balayer (vt)	กวาด	gwàat
balayures (f pl)	ฝุ่นกวาด	fùn gwàat
ordre (m)	ความสะอาด	khwaam sà-àat
désordre (m)	ความไม่เป็นระเบียบ	khwaam mâi bpen rá-bìap
balai (m) à franges	ไม้ถูพื้น	mái thǒo phéun
torchon (m)	ผ้าเช็ดพื้น	phâa chét phéun
balayette (f) de sorgho	ไม้กวาดส้น	máai gwàat sân
pelle (f) à ordures	ที่ตักผง	têe dtàk phǒng

89. Les meubles. L'intérieur

meubles (m pl)	เครื่องเรือน	khrêuang reuan
table (f)	โต๊ะ	dtó
chaise (f)	เก้าอี้	gâo-êe
lit (m)	เตียง	dtiang
canapé (m)	โซฟา	soh-faa
fauteuil (m)	เก้าอี้เท้าแขน	gâo-êe tháo khǎen
bibliothèque (f) (meuble)	ตู้หนังสือ	dtôo nǎng-sěu
rayon (m)	ชั้นวาง	chán waang
armoire (f)	ตู้เสื้อผ้า	dtôo sêua phâa

83

| patère (f) | ที่แขวนเสื้อ | thêe khwăen sêua |
| portemanteau (m) | ไม้แขวนเสื้อ | mái khwăen sêua |

| commode (f) | ตู้ลิ้นชัก | dtôo lín chák |
| table (f) basse | โต๊ะกาแฟ | dtó gaa-fae |

miroir (m)	กระจก	grà-jòk
tapis (m)	พรม	phrom
petit tapis (m)	พรมเช็ดเท้า	phrom chét tháo

cheminée (f)	เตาผิง	dtao phĭng
bougie (f)	เทียน	thian
chandelier (m)	เชิงเทียน	cherng thian

rideaux (m pl)	ผ้าแขวน	phâa khwăen
papier (m) peint	วอลเปเปอร์	worn-bpay-bper
jalousie (f)	บานเกล็ดหน้าต่าง	baan glèt nâa dtàang

lampe (f) de table	โคมไฟตั้งโต๊ะ	khohm fai dtâng dtó
applique (f)	ไฟติดผนัง	fai dtìt phà-năng
lampadaire (m)	โคมไฟตั้งพื้น	khohm fai dtâng phéun
lustre (m)	โคมระย้า	khohm rá-yáa

pied (m) (~ de la table)	ขา	khăa
accoudoir (m)	ที่พักแขน	thêe phák khăen
dossier (m)	พนักพิง	phá-nák phing
tiroir (m)	ลิ้นชัก	lín chák

90. La literie

linge (m) de lit	ชุดผ้าปูที่นอน	chút phâa bpoo thêe norn
oreiller (m)	หมอน	mŏrn
taie (f) d'oreiller	ปลอกหมอน	bplòk mŏrn
couverture (f)	ผ้าห่วย	phâa phŭay
drap (m)	ผ้าปู	phâa bpoo
couvre-lit (m)	ผ้าคลุมเตียง	phâa khlum dtiang

91. La cuisine

cuisine (f)	ห้องครัว	hôrng khrua
gaz (m)	แก๊ส	gáet
cuisinière (f) à gaz	เตาแก๊ส	dtao gàet
cuisinière (f) électrique	เตาไฟฟ้า	dtao fai-fáa
four (m)	เตาอบ	dtao òp
four (m) micro-ondes	เตาอบไมโครเวฟ	dtao òp mai-khroh-we p

réfrigérateur (m)	ตู้เย็น	dtôo yen
congélateur (m)	ตู้แช่แข็ง	dtôo châe khăeng
lave-vaisselle (m)	เครื่องล้างจาน	khrêuang láang jaan
hachoir (m) à viande	เครื่องบดเนื้อ	khrêuang bòt néua
centrifugeuse (f)	เครื่องคั้น	khrêuang khán
	น้ำผลไม้	náam phŏn-lá-mái

grille-pain (m)	เครื่องปิ้ง	khrêuang bpîng
	ขนมปัง	khà-nǒm bpang
batteur (m)	เครื่องปั่น	khrêuang bpàn
machine (f) à café	เครื่องชงกาแฟ	khrêuang chong gaa-fae
cafetière (f)	หม้อกาแฟ	môr gaa-fae
moulin (m) à café	เครื่องบดกาแฟ	khrêuang bòt gaa-fae
bouilloire (f)	กาน้ำ	gaa náam
théière (f)	กาน้ำชา	gaa náam chaa
couvercle (m)	ฝา	fǎa
passoire (f) à thé	ที่กรองชา	thêe grorng chaa
cuillère (f)	ช้อน	chórn
petite cuillère (f)	ช้อนชา	chórn chaa
cuillère (f) à soupe	ช้อนซุป	chórn súp
fourchette (f)	ส้อม	sôrm
couteau (m)	มีด	mêet
vaisselle (f)	ถ้วยชาม	thûay chaam
assiette (f)	จาน	jaan
soucoupe (f)	จานรอง	jaan rorng
verre (m) à shot	แก้วช็อต	gâew chórt
verre (m) (~ d'eau)	แก้ว	gâew
tasse (f)	ถ้วย	thûay
sucrier (m)	โถน้ำตาล	thǒh náam dtaan
salière (f)	กระปุกเกลือ	grà-bpùk gleua
poivrière (f)	กระปุกพริกไท	grà-bpùk phrík thai
beurrier (m)	ที่ใส่เนย	thêe sài noie
casserole (f)	หม้อต้ม	môr dtôm
poêle (f)	กระทะ	grà-thá
louche (f)	กระบวย	grà-buay
passoire (f)	กระชอน	grà chorn
plateau (m)	ถาด	thàat
bouteille (f)	ขวด	khùat
bocal (m) (à conserves)	ขวดโหล	khùat lǒh
boîte (f) en fer-blanc	กระป๋อง	grà-bpǒrng
ouvre-bouteille (m)	ที่เปิดขวด	thêe bpèrt khùat
ouvre-boîte (m)	ที่เปิดกระป๋อง	thêe bpèrt grà-bpǒrng
tire-bouchon (m)	ที่เปิดจุก	thêe bpèrt jùk
filtre (m)	ที่กรอง	thêe grorng
filtrer (vt)	กรอง	grorng
ordures (f pl)	ขยะ	khà-yà
poubelle (f)	ถังขยะ	thǎng khà-yà

92. La salle de bains

| salle (f) de bains | ห้องน้ำ | hôrng náam |
| eau (f) | น้ำ | náam |

robinet (m)	ก๊อกน้ำ	gòk náam
eau (f) chaude	น้ำร้อน	nám rórn
eau (f) froide	น้ำเย็น	nám yen
dentifrice (m)	ยาสีฟัน	yaa sěe fan
se brosser les dents	แปรงฟัน	bpraeng fan
brosse (f) à dents	แปรงสีฟัน	bpraeng sěe fan
se raser (vp)	โกน	gohn
mousse (f) à raser	โฟมโกนหนวด	fohm gohn nùat
rasoir (m)	มีดโกน	mêet gohn
laver (vt)	ล้าง	láang
se laver (vp)	อาบ	àap
douche (f)	ฝักบัว	fàk bua
prendre une douche	อาบน้ำฝักบัว	àap náam fàk bua
baignoire (f)	อ่างอาบน้ำ	àang àap náam
cuvette (f)	โถชักโครก	thŏh chák khrôhk
lavabo (m)	อางลางหนา	àang láang-nâa
savon (m)	สบู่	sà-bòo
porte-savon (m)	ที่ใส่สบู่	thêe sài sà-bòo
éponge (f)	ฟองน้ำ	forng náam
shampooing (m)	แชมพู	chaem-phoo
serviette (f)	ผ้าเช็ดตัว	phâa chét dtua
peignoir (m) de bain	เสื้อคลุมอาบน้ำ	sêua khlum àap náam
lessive (f) (faire la ~)	การซักผ้า	gaan sák phâa
machine (f) à laver	เครื่องซักผ้า	khrêuang sák phâa
faire la lessive	ซักผ้า	sák phâa
lessive (f) (poudre)	ผงซักฟอก	phǒng sák-fôrk

93. Les appareils électroménagers

téléviseur (m)	ทีวี	thee-wee
magnétophone (m)	เครื่องบันทึกเทป	khrêuang ban-théuk thâyp
magnétoscope (m)	เครื่องบันทึก วิดีโอ	khrêuang ban-théuk wí-dee-oh
radio (f)	วิทยุ	wít-thá-yú
lecteur (m)	เครื่องเล่น	khrêuang lên
vidéoprojecteur (m)	โปรเจ็คเตอร์	bproh-jèk-dtêr
home cinéma (m)	เครื่องฉายภาพยนตร์ที่บ้าน	khhrêuang chǎai phâap-phá yon thêe bâan
lecteur DVD (m)	เครื่องเล่น DVD	khrêuang lên dee-wee-dee
amplificateur (m)	เครื่องขยายเสียง	khrêuang khà-yǎai sǐang
console (f) de jeux	เครื่องเกมคอนโซล	khrêuang gaym khorn sohn
caméscope (m)	กล้องถ่ายวิดีโอ	glôrng thàai wí-dee-oh
appareil (m) photo	กล้องถายรูป	glôrng thàai rôop
appareil (m) photo numérique	กล้องดิจิตอล	glôrng dì-jì-dton
aspirateur (m)	เครื่องดูดฝุ่น	khrêuang dòot fùn

| fer (m) à repasser | เตารีด | dtao rêet |
| planche (f) à repasser | กระดานรองรีด | grà-daan rorng rêet |

téléphone (m)	โทรศัพท์	thoh-rá-sàp
portable (m)	มือถือ	meu thěu
machine (f) à écrire	เครื่องพิมพ์ดีด	khrêuang phim dèet
machine (f) à coudre	จักรเย็บผ้า	jàk yép phâa

micro (m)	ไมโครโฟน	mai-khroh-fohn
écouteurs (m pl)	หูฟัง	hǒo fang
télécommande (f)	รีโมตทีวี	ree môht thee wee

CD (m)	CD	see-dee
cassette (f)	เทป	thâyp
disque (m) (vinyle)	จานเสียง	jaan sǐang

94. Les travaux de réparation et de rénovation

rénovation (f)	การซ่อมแซม	gaan sôrm saem
faire la rénovation	ซ่อมแซม	sôrm saem
réparer (vt)	ซ่อมแซม	sôrm saem
remettre en ordre	สะสาง	sà-sǎang
refaire (vt)	ทำใหม่	tham mài

peinture (f)	สี	sěe
peindre (des murs)	ทาสี	thaa sěe
peintre (m) en bâtiment	ช่างทาสีบ้าน	châang thaa sěe bâan
pinceau (m)	แปรงทาสี	bpraeng thaa sěe

| chaux (f) | สารฟอกขาว | sǎan fôrk khǎao |
| blanchir à la chaux | ฟอกขาว | fôrk khǎao |

papier (m) peint	วอลเปเปอร์	worn-bpay-bper
tapisser (vt)	ติดวอลเปเปอร์	dtìt wor lá-bpay-bper
vernis (m)	น้ำมันชักเงา	náam man chák ngao
vernir (vt)	เคลือบ	khlêuap

95. La plomberie

eau (f)	น้ำ	náam
eau (f) chaude	น้ำร้อน	náam rórn
eau (f) froide	น้ำเย็น	náam yen
robinet (m)	ก๊อกน้ำ	gòk náam

goutte (f)	หยด	yòt
goutter (vi)	ตก	dtòk
fuir (tuyau)	รั่ว	rûa
fuite (f)	การรั่ว	gaan rûa
flaque (f)	หลมน้ำ	lòm náam

| tuyau (m) | ท่อ | thôr |
| valve (f) | วาล์ว | waao |

se boucher (vp)	อุดตัน	ùt dtan
outils (m pl)	เครื่องมือ	khrêuang meu
clé (f) réglable	ประแจคอม้า	bprà-jae kor máa
dévisser (vt)	คลายเกลียวออก	khlaai glieow òrk
visser (vt)	ขันให้แน่น	khǎn hâi nâen
déboucher (vt)	แก้การอุดตัน	gâe gaan ùt dtan
plombier (m)	ช่างประปา	châang bprà-bpaa
sous-sol (m)	ชั้นใต้ดิน	chán dtâi din
égouts (m pl)	ระบบท่อน้ำทิ้ง	rá-bòp thôr náam thíng

96. L'incendie

feu (m)	ไฟไหม้	fai mâi
flamme (f)	เปลวไฟ	bpleo fai
étincelle (f)	ประกายไฟ	bprà-gaai fai
fumée (f)	ควัน	khwan
flambeau (m)	คบเพลิง	khóp phlerng
feu (m) de bois	กองไฟ	gorng fai
essence (f)	น้ำมันเชื้อเพลิง	nám man chéua phlerng
kérosène (m)	น้ำมันก๊าด	nám man gáat
inflammable (adj)	ติดไฟได้	dtìt fai dâai
explosif (adj)	ที่ระเบิดได้	thêe rá-bèrt dâai
DÉFENSE DE FUMER	ห้ามสูบบุหรี่	hâam sòop bù rèe
sécurité (f)	ความปลอดภัย	khwaam bplòrt phai
danger (m)	อันตราย	an-dtà-raai
dangereux (adj)	อันตราย	an-dtà-raai
prendre feu	ติดไฟ	dtìt fai
explosion (f)	การระเบิด	gaan rá-bèrt
mettre feu	เผา	phǎo
incendiaire (m)	ผู้ลอบวางเพลิง	phôo lôp waang phlerng
incendie (m) prémédité	การลอบวางเพลิง	gaan lôp waang phlerng
flamboyer (vi)	ไฟลูกโซ่น	fai lúk-chohn
brûler (vi)	ไหม้	mâi
brûler complètement	เผาให้ราบ	phǎo hâi râap
appeler les pompiers	เรียกนักดับเพลิง	rîak nák dàp phlerng
pompier (m)	นักดับเพลิง	nák dàp phlerng
voiture (f) de pompiers	รถดับเพลิง	rót dàp phlerng
sapeurs-pompiers (pl)	สถานีดับเพลิง	sà-thǎa-nee dàp phlerng
échelle (f) des pompiers	บันไดรถดับเพลิง	ban-dai rót dàp phlerng
tuyau (m) d'incendie	ท่อดับเพลิง	thôr dàp phlerng
extincteur (m)	ที่ดับเพลิง	thêe dàp phlerng
casque (m)	หมวกนิรภัย	mùak ní-rá-phai
sirène (f)	สัญญาณเตือนภัย	sǎn-yaan dteuan phai
crier (vi)	ร้อง	rórng
appeler au secours	ขอช่วย	khǒr chûay
secouriste (m)	นักกู้ภัย	nák gôo phai

sauver (vt)	ช่วยชีวิต	chûay chee-wít
venir (vi)	มา	maa
éteindre (feu)	ดับเพลิง	dàp phlerng
eau (f)	น้ำ	nám
sable (m)	ทราย	saai
ruines (f pl)	ซาก	sâak
tomber en ruine	ถล่ม	thà-lòm
s'écrouler (vp)	ถล่มทลาย	thà-lòm thá-laai
s'effondrer (vp)	ถลม	thà-lòm
morceau (m) (de mur, etc.)	ส่วนสะเก็ด	sùan sà-gèt
cendre (f)	ขี้เถา	khêe thâo
mourir étouffé	ขาดอากาศตาย	khàat aa-gàat dtaai
périr (vi)	เสียชีวิต	sǐa chee-wít

LES ACTIVITÉS HUMAINS

Le travail. Les affaires. Partie 1

97. Les opérations bancaires

banque (f)	ธนาคาร	thá-naa-khaan
agence (f) bancaire	สาขา	sǎa-khǎa
conseiller (m)	พนักงาน	phá-nák ngaan
	ธนาคาร	thá-naa-khaan
gérant (m)	ผู้จัดการ	phôo jàt gaan
compte (m)	บัญชีธนาคาร	ban-chee thá-naa-kaan
numéro (m) du compte	หมายเลขบัญชี	mǎai lâyk ban-chee
compte (m) courant	กระแสรายวัน	grà-sǎe raai wan
compte (m) sur livret	บัญชีออมทรัพย์	ban-chee orm sáp
ouvrir un compte	เปิดบัญชี	bpèrt ban-chee
clôturer le compte	ปิดบัญชี	bpit ban-chee
verser dans le compte	ฝากเงินเข้าบัญชี	fàak ngern khâo ban-chee
retirer du compte	ถอน	thǒrn
dépôt (m)	การฝาก	gaan fàak
faire un dépôt	ฝาก	fàak
virement (m) bancaire	การโอนเงิน	gaan ohn ngern
faire un transfert	โอนเงิน	ohn ngern
somme (f)	จำนวนเงินรวม	jam-nuan ngern ruam
Combien?	เทาไหร?	thâo rài
signature (f)	ลายมือชื่อ	laai meu chêu
signer (vt)	ลงนาม	long naam
carte (f) de crédit	บัตรเครดิต	bàt khray-dìt
code (m)	รหัส	rá-hàt
numéro (m) de carte de crédit	หมายเลขบัตรเครดิต	mǎai lâyk bàt khray-dìt
distributeur (m)	เอทีเอ็ม	ay-thee-em
chèque (m)	เช็ค	chék
faire un chèque	เขียนเช็ค	khǐan chék
chéquier (m)	สมุดเช็ค	sà-mùt chék
crédit (m)	เงินกู้	ngern gôo
demander un crédit	ขอสินเชื่อ	khǒr sǐn chêua
prendre un crédit	กู้เงิน	gôo ngern
accorder un crédit	ให้กู้เงิน	hâi gôo ngern
gage (m)	การรับประกัน	gaan ráp bprà-gan

98. Le téléphone. La conversation téléphonique

téléphone (m)	โทรศัพท์	thoh-rá-sàp
portable (m)	มือถือ	meu thĕu
répondeur (m)	เครื่องพูดตอบ	khrêuang phôot dtòp
téléphoner, appeler	โทรศัพท์	thoh-rá-sàp
appel (m)	การโทรศัพท์	gaan thoh-rá-sàp
composer le numéro	หมุนหมายเลขโทรศัพท์	mŭn măai lâyk thoh-rá-sàp
Allô!	สวัสดี!	sà-wàt-dee
demander (~ l'heure)	ถาม	thăam
répondre (vi, vt)	รับสาย	ráp săai
entendre (bruit, etc.)	ได้ยิน	dâai yin
bien (adv)	ดี	dee
mal (adv)	ไม่ดี	mâi dee
bruits (m pl)	เสียงรบกวน	sĭang róp guan
récepteur (m)	ตัวรับสัญญาณ	dtua ráp săn-yaan
décrocher (vt)	รับสาย	ráp săai
raccrocher (vi)	วางสาย	waang săai
occupé (adj)	ไม่ว่าง	mâi wâang
sonner (vi)	ดัง	dang
carnet (m) de téléphone	สมุดโทรศัพท์	sà-mùt thoh-rá-sàp
local (adj)	ในประเทศ	nai bprà-thâyt
appel (m) local	โทรในประเทศ	thoh nai bprà-thâyt
interurbain (adj)	ระยะไกล	rá-yá glai
appel (m) interurbain	โทรระยะไกล	thoh-rá-yá glai
international (adj)	ตางประเทศ	dtàang bprà-thâyt
appel (m) international	โทรตางประเทศ	thoh dtàang bprà-thâyt

99. Le téléphone portable

portable (m)	มือถือ	meu thĕu
écran (m)	หน้าจอ	nâa jor
bouton (m)	ปุ่ม	bpùm
carte SIM (f)	ซิมการ์ด	sím gàat
pile (f)	แบตเตอรี่	bàet-dter-rêe
être déchargé	หมด	mòt
chargeur (m)	ที่ชาร์จ	thêe châat
menu (m)	เมนู	may-noo
réglages (m pl)	การตั้งค่า	gaan dtâng khâa
mélodie (f)	เสียงเพลง	sĭang phlayng
sélectionner (vt)	เลือก	lêuak
calculatrice (f)	เครื่องคิดเลข	khrêuang khít lâyk
répondeur (m)	ขอความเสียง	khôr khwaam sĭang
réveil (m)	นาฬิกาปลุก	naa-lí-gaa bplùk

contacts (m pl)	รายชื่อผู้ติดต่อ	raai chêu phôo dtìt dtòr
SMS (m)	ŞMS	es-e-mes
abonné (m)	ผู้สมัครรับบริการ	phôo sà-màk ráp bor-rí-gaan

100. La papeterie

stylo (m) à bille	ปากกาลูกลื่น	bpàak gaa lôok lêun
stylo (m) à plume	ปากกาหมึกซึม	bpàak gaa mèuk seum
crayon (m)	ดินสอ	din-sŏr
marqueur (m)	ปากกาเน้น	bpàak gaa náyn
feutre (m)	ปากกาเมจิค	bpàak gaa may jìk
bloc-notes (m)	สมุดจด	sà-mùt jòt
agenda (m)	สมุดบันทึกรายวัน	sà-mùt ban-théuk raai wan
règle (f)	ไม้บรรทัด	máai ban-thát
calculatrice (f)	เครื่องคิดเลข	khrêuang khít lâyk
gomme (f)	ยางลบ	yaang lóp
punaise (f)	เป๊ก	bpáyk
trombone (m)	ลวดหนีบกระดาษ	lûat nèep grà-dàat
colle (f)	กาว	gaao
agrafeuse (f)	ที่เย็บกระดาษ	thêe yép grà-dàat
perforateur (m)	ที่เจาะรูกระดาษ	thêe jòr roo grà-dàat
taille-crayon (m)	ที่เหลาดินสอ	thêe lǎo din-sŏr

Le travail. Les affaires. Partie 2

101. Les médias de masse

journal (m)	หนังสือพิมพ์	năng-sĕu phim
revue (f)	นิตยสาร	nít-dtà-yá-săan
presse (f)	สื่อสิ่งพิมพ์	sèu sìng phim
radio (f)	วิทยุ	wít-thá-yú
station (f) de radio	สถานีวิทยุ	sà-thăa-nee wít-thá-yú
télévision (f)	โทรทัศน์	thoh-rá-thát
animateur (m)	ผู้ประกาศข่าว	phôo bprà-gàat khàao
présentateur (m) de journaux télévisés	ผู้ประกาศข่าว	phôo bprà-gàat khàao
commentateur (m)	ผู้อธิบาย	phôo à-thí-baai
journaliste (m)	นักข่าว	nák khàao
correspondant (m)	ผู้รายงานข่าว	phôo raai ngaan khàao
reporter photographe (m)	ช่างภาพ หนังสือพิมพ์	châang phâap năng-sĕu phim
reporter (m)	ผู้รายงาน	phôo raai ngaan
rédacteur (m)	บรรณาธิการ	ban-naa-thí-gaan
rédacteur (m) en chef	หัวหน้าบรรณาธิการ	hŭa nâa ban-naa-thí-gaan
s'abonner (vp)	รับ	ráp
abonnement (m)	การรับ	gaan ráp
abonné (m)	ผู้รับ	phôo ráp
lire (vi, vt)	อ่าน	àan
lecteur (m)	ผู้อ่าน	phôo àan
tirage (m)	การเผยแพร่	gaan phŏie-phrâe
mensuel (adj)	รายเดือน	raai deuan
hebdomadaire (adj)	รายสัปดาห์	raai sàp-daa
numéro (m)	ฉบับ	chà-bàp
nouveau (~ numéro)	ใหม่	mài
titre (m)	ข่าวพาดหัว	khàao phâat hŭa
entrefilet (m)	บทความสั้นๆ	bòt khwaam sân sân
rubrique (f)	คอลัมน์	khor lam
article (m)	บทความ	bòt khwaam
page (f)	หน้า	nâa
reportage (m)	การรายงานข่าว	gaan raai ngaan khàao
événement (m)	เหตุการณ์	hàyt gaan
sensation (f)	ขาวดัง	khàao dang
scandale (m)	เรื่องอื้อฉาว	rêuang êu chăao
scandaleux	อื้อฉาว	êu chăao
grand (~ scandale)	ใหญ่	yài
émission (f)	รายการ	raai gaan

interview (f)	การสัมภาษณ์	gaan săm-phâat
émission (f) en direct	ถ่ายทอดสด	thàai thôrt sòt
chaîne (f) (~ payante)	ช่อง	chôrng

102. L'agriculture

agriculture (f)	เกษตรกูรรม	gà-sàyt-dtra -gam
paysan (m)	ชาวนาผู้ชาย	chaao naa phôo chaai
paysanne (f)	ชาวนาผู้หญิง	chaao naa phôo yĭng
fermier (m)	ชาวนา	chaao naa

| tracteur (m) | รถแทร็คเตอร์ | rót tráek-dtêr |
| moissonneuse-batteuse (f) | เครื่องเก็บเกี่ยว | khrêuang gèp gìeow |

charrue (f)	คันไถ	khan thăi
labourer (vt)	ไถ	thăi
champ (m) labouré	ที่ดินที่ไถพรวน	thêe din thêe thăi phruan
sillon (m)	ร่องดิน	rôrng din

semer (vt)	หว่าน	wàan
semeuse (f)	เครื่องหว่านเมล็ด	khrêuang wàan má-lét
semailles (f pl)	การหว่าน	gaan wàan

| faux (f) | เคียว | khieow |
| faucher (vt) | ถาง | thăang |

| pelle (f) | พลั่ว | phlûa |
| bêcher (vt) | ขุด | khùt |

couperet (m)	จอบ	jòrp
sarcler (vt)	ถาก	thàak
mauvaise herbe (f)	วัชพืช	wát-chá-phêut

arrosoir (m)	กระป๋องรดน้ำ	grà-bpŏrng rót náam
arroser (plantes)	รดน้ำ	rót náam
arrosage (m)	การรดน้ำ	gaan rót nám

| fourche (f) | ส้อมเสียบ | sôrm sìap |
| râteau (m) | คราด | khrâat |

engrais (m)	ปุ๋ย	bpŭi
engraisser (vt)	ใส่ปุ๋ย	sài bpŭi
fumier (m)	ปุ๋ยคอก	bpŭi khôrk

champ (m)	ทุ่งนา	thûng naa
pré (m)	ทุ่งหญ้า	thûng yâa
potager (m)	สวนผัก	sŭan phàk
jardin (m)	สวนผลไม้	sŭan phŏn-lá-máai

faire paître	เล็มหญ้า	lem yâa
berger (m)	คนเลี้ยงสัตว์	khon líang sàt
pâturage (m)	ทุ่งเลี้ยงสัตว์	thûng líang sàt
élevage (m)	การขยายพันธุ์สัตว์	gaan khà-yăai phan sàt
élevage (m) de moutons	การขยายพันธุ์แกะ	gaan khà-yăai phan gàe

plantation (f)	ที่เพาะปลูก	thêe phór bplòok
plate-bande (f)	แถว	thăe
serre (f)	เรือนกระจกร้อน	reuan grà-jòk rón
sécheresse (f)	ภัยแล้ง	phai láeng
sec (l'été ~)	แลง	láeng
grains (m pl)	ธัญพืช	than-yá-phêut
céréales (f pl)	ผลผลิตธัญพืช	phŏn phà-lìt than-yá-phêut
récolter (vt)	เก็บเกี่ยว	gèp gìeow
meunier (m)	เจ้าของโรงโม่	jâo khŏrng rohng môh
moulin (m)	โรงสี	rohng sĕe
moudre (vt)	โม่	môh
farine (f)	แป้ง	bpâeng
paille (f)	ฟาง	faang

103. Le BTP et la construction

chantier (m)	สถานที่ก่อสร้าง	sà-thăan thêe gòr sâang
construire (vt)	สร้าง	sâang
ouvrier (m) du bâtiment	คนงานก่อสร้าง	khon ngaan gòr sâang
projet (m)	โครงการ	khrohng gaan
architecte (m)	สถาปนิก	sà-thăa-bpà-ník
ouvrier (m)	คนงาน	khon ngaan
fondations (f pl)	รากฐาน	râak thăan
toit (m)	หลังคา	lăng khaa
pieu (m) de fondation	เสาเข็ม	săo khĕm
mur (m)	กำแพง	gam-phaeng
ferraillage (m)	เหล็กเส้นเสริมแรง	lèk sên sĕrm raeng
échafaudage (m)	นั่งร้าน	nâng ráan
béton (m)	คอนกรีต	khorn-grèet
granit (m)	หินแกรนิต	hĭn grae-nít
pierre (f)	หิน	hĭn
brique (f)	อิฐ	ìt
sable (m)	ทราย	saai
ciment (m)	ปูนซีเมนต์	bpoon see-mayn
plâtre (m)	พลาสเตอร์	phláat-dtêr
plâtrer (vt)	ฉาบ	chàap
peinture (f)	สี	sĕe
peindre (des murs)	ทาสี	thaa sĕe
tonneau (m)	ถัง	thăng
grue (f)	ปั้นจั่น	bpân jàn
monter (vt)	ยก	yók
abaisser (vt)	ลด	lót
bulldozer (m)	รถดันดิน	rót dan din
excavateur (m)	รถขุด	rót khùt

godet (m)	ช้อนขุด	chórn khùt
creuser (vt)	ขุด	khùt
casque (m)	หมวกนิรภัย	mùak ní-rá-phai

Les professions. Les mètiers

104. La recherche d'emploi. Le licenciement

travail (m)	งาน	ngaan
employés (pl)	พนักงาน	phá-nák ngaan
personnel (m)	พนักงาน	phá-nák ngaan
carrière (f)	อาชีพ	aa-chêep
perspective (f)	โอกาส	oh-gàat
maîtrise (f)	ทักษะ	thák-sà
sélection (f)	การคัดเลือก	gaan khát lêuak
agence (f) de recrutement	สำนักงาน จัดหางาน	săm-nák ngaan jàt hăa ngaan
C.V. (m)	ประวัติย่อ	bprà-wàt yôr
entretien (m)	สัมภาษณ์งาน	săm-phâat ngaan
emploi (m) vacant	ตำแหน่งว่าง	dtam-nàeng wâang
salaire (m)	เงินเดือน	ngern deuan
salaire (m) fixe	เงินเดือน	ngern deuan
rémunération (f)	ค่าแรง	khâa raeng
poste (m) (~ évolutif)	ตำแหน่ง	dtam-nàeng
fonction (f)	หน้าที่	nâa thêe
liste (f) des fonctions	หน้าที่	nâa thêe
occupé (adj)	ไม่ว่าง	mâi wâang
licencier (vt)	ไล่ออก	lâi òrk
licenciement (m)	การไล่ออก	gaan lâi òrk
chômage (m)	การว่างงาน	gaan wâang ngaan
chômeur (m)	คนว่างงาน	khon wâang ngaan
retraite (f)	การเกษียณอายุ	gaan gà-sĭan aa-yú
prendre sa retraite	เกษียณ	gà-sĭan

105. Les hommes d'affaires

directeur (m)	ผู้อำนวยการ	phôo am-nuay gaan
gérant (m)	ผู้จัดการ	phôo jàt gaan
patron (m)	หัวหน้า	hŭa-nâa
supérieur (m)	ผู้บังคับบัญชา	phôo bang-kháp ban-chaa
supérieurs (m pl)	คณะผู้บังคับ บัญชา	khá-ná phôo bang-kháp ban-chaa
président (m)	ประธานาธิปดี	bprà-thaa-naa-thí-bor-dee
président (m) (d'entreprise)	ประธาน	bprà-thaan
adjoint (m)	รอง	rorng

assistant (m)	ผู้ช่วย	phôo chûay
secrétaire (m, f)	เลขา	lay-khǎa
secrétaire (m, f) personnel	ผู้ช่วยส่วนบุคคล	phôo chûay sùan bùk-khon

| homme (m) d'affaires | นักธุรกิจ | nák thú-rá-gìt |
| entrepreneur (m) | ผู้ประกอบการ | phôo bprà-gòp gaan |

| fondateur (m) | ผู้ก่อตั้ง | phôo gòr dtâng |
| fonder (vt) | ก่อตั้ง | gòr dtâng |

fondateur (m)	ผู้ก่อตั้ง	phôo gòr dtâng
partenaire (m)	หุ้นส่วน	hûn sùan
actionnaire (m)	ผู้ถือหุ้น	phôo thěu hûn

| millionnaire (m) | เศรษฐีเงินล้าน | sàyt-thěe ngern láan |
| milliardaire (m) | มหาเศรษฐี | má-hǎa sàyt-thěe |

| propriétaire (m) | เจ้าของ | jâo khǒrng |
| propriétaire (m) foncier | เจ้าของที่ดิน | jâo khǒrng thêe din |

| client (m) | ลูกค้า | lôok kháa |
| client (m) régulier | ลูกค้าประจำ | lôok kháa bprà-jam |

| acheteur (m) | ลูกค้า | lôok kháa |
| visiteur (m) | ผู้เขาร่วม | phôo khâo rûam |

professionnel (m)	ผู้เป็นมืออาชีพ	phôo bpen meu aa-chêep
expert (m)	ผู้เชี่ยวชาญ	phôo chîeow-chaan
spécialiste (m)	ผู้ชำนาญ เฉพาะทาง	phôo cham-naan chà-phó thaang

| banquier (m) | พนักงาน ธนาคาร | phá-nák ngaan thá-naa-khaan |
| courtier (m) | นายหน้า | naai nâa |

caissier (m)	แคชเชียร์	khâet chia
comptable (m)	นักบัญชี	nák ban-chee
agent (m) de sécurité	ยาม	yaam

| investisseur (m) | ผู้ลงทุน | phôo long thun |
| débiteur (m) | ลูกหนี้ | lôok nêe |

| créancier (m) | เจ้าหนี้ | jâo nêe |
| emprunteur (m) | ผู้ยืม | phôo yeum |

| importateur (m) | ผู้นำเข้า | phôo nam khâo |
| exportateur (m) | ผู้ส่งออก | phôo sòng òrk |

producteur (m)	ผู้ผลิต	phôo phà-lìt
distributeur (m)	ผู้จัดจำหน่าย	phôo jàt jam-nàai
intermédiaire (m)	คนกลาง	khon glaang

conseiller (m)	ที่ปรึกษา	thêe bprèuk-sǎa
représentant (m)	พนักงานขาย	phá-nák ngaan khǎai
agent (m)	ตัวแทน	dtua thaen
agent (m) d'assurances	ตัวแทนประกัน	dtua thaen bprà-gan

106. Les mètiers des services

cuisinier (m)	ดูนครัว	khon khrua
cuisinier (m) en chef	กุก	gúk
boulanger (m)	ช่างอบขนมปัง	châang òp khà-nŏm bpang
barman (m)	บาร์เทนเดอร์	baa-thayn-dêr
serveur (m)	พนักงานเสิร์ฟชาย	phá-nák ngaan sèrf chaai
serveuse (f)	พนักงานเสิร์ฟหญิง	phá-nák ngaan sèrf yĭng
avocat (m)	ทนายความ	thá-naai khwaam
juriste (m)	นักกฎหมาย	nák gòt măai
notaire (m)	พนักงานจดทะเบียน	phá-nák ngaan jòt thá-bian
électricien (m)	ช่างไฟฟ้า	châang fai-fáa
plombier (m)	ช่างประปา	châang bprà-bpaa
charpentier (m)	ช่างไม้	châang máai
masseur (m)	หมอนวดชาย	mŏr nûat chaai
masseuse (f)	หมอนวดหญิง	mŏr nûat yĭng
médecin (m)	แพทย์	phâet
chauffeur (m) de taxi	คนขับแท็กซี่	khon khàp tháek-sêe
chauffeur (m)	คนขับ	khon khàp
livreur (m)	คนส่งของ	khon sòng khŏrng
femme (f) de chambre	แม่บ้าน	mâe bâan
agent (m) de sécurité	ยาม	yaam
hôtesse (f) de l'air	พนักงานต้อนรับ บนเครื่องบิน	phá-nák ngaan dtôrn ráp bon khrêuang bin
professeur (m)	อาจารย์	aa-jaan
bibliothécaire (m)	บรรณารักษ์	ban-naa-rák
traducteur (m)	นักแปล	nák bplae
interprète (m)	ล่าม	lâam
guide (m)	มัคคุเทศก์	mák-khú-thâyt
coiffeur (m)	ช่างทำผม	châang tham phŏm
facteur (m)	บุรุษไปรษณีย์	bù-rùt bprai-sà-nee
vendeur (m)	คนขายของ	khon khăai khŏrng
jardinier (m)	ชาวสวน	chaao sŭan
serviteur (m)	คนใช้	khon chái
servante (f)	สาวใช้	săao chái
femme (f) de ménage	คนทำความสะอาด	khon tham khwaam sà-àat

107. Les professions militaires et leurs grades

soldat (m) (grade)	พลทหาร	phon-thá-hăan
sergent (m)	สิบเอก	sìp àyk
lieutenant (m)	ร้อยโท	rói thoh
capitaine (m)	ร้อยเอก	rói àyk
commandant (m)	พลตรี	phon-dtree

colonel (m)	พันเอก	phan àyk
général (m)	นายพล	naai phon
maréchal (m)	จอมพล	jorm phon
amiral (m)	พลเรือเอก	phon reua àyk

militaire (m)	ทางทหาร	thaang thá-hǎan
soldat (m)	ทหาร	thá-hǎan
officier (m)	นายทหาร	naai thá-hǎan
commandant (m)	ผู้บัญชาการ	phôo ban-chaa gaan

garde-frontière (m)	ยามเฝ้าชายแดน	yaam fâo chaai daen
opérateur (m) radio	พลวิทยุ	phon wít-thá-yú
éclaireur (m)	ทหารพราน	thá-hǎan phraan
démineur (m)	ทหารช่าง	thá-hǎan châang
tireur (m)	พลแม่นปืน	phon mâen bpeun
navigateur (m)	ตนหน	dtôn hǒn

108. Les fonctionnaires. Les prêtres

| roi (m) | กษัตริย์ | gà-sàt |
| reine (f) | ราชินี | raa-chí-nee |

| prince (m) | เจ้าชาย | jâo chaai |
| princesse (f) | เจ้าหญิง | jâo yǐng |

| tsar (m) | ซาร์ | saa |
| tsarine (f) | ซารีนา | saa-ree-naa |

président (m)	ประธานาธิบดี	bprà-thaa-naa-thí-bor-dee
ministre (m)	รัฐมนตรี	rát-thà-mon-dtree
premier ministre (m)	นายกรัฐมนตรี	naa-yók rát-thà-mon-dtree
sénateur (m)	สมาชิกวุฒิสภา	sà-maa-chík wút-thí sà-phaa

diplomate (m)	นักการทูต	nák gaan thôot
consul (m)	กงสุล	gong-sǔn
ambassadeur (m)	เอกอัครราชทูต	àyk-gà-àk-krá-râat-chá-tôot
conseiller (m)	เจ้าหน้าที่การทูต	jâo nâa-thêe gaan thôot

fonctionnaire (m)	ข้าราชการ	khâa râat-chá-gaan
préfet (m)	เจ้าหน้าที่	jâo nâa-thêe
maire (m)	นายกเทศมนตรี	naa-yók thâyt-sà-mon-dtree

| juge (m) | ผู้พิพากษา | phôo phí-phâak-sǎa |
| procureur (m) | อัยการ | ai-yá-gaan |

| missionnaire (m) | ผู้สอนศาสนา | phôo sǒrn sàat-sà-nǎa |
| moine (m) | พระ | phrá |

| abbé (m) | เจ้าอาวาส | jâo aa-wâat |
| rabbin (m) | พระในศาสนายิว | phrá nai sàat-sà-nǎa yiw |

vizir (m)	วีซีร์	wee see
shah (m)	กษัตริย์อิหร่าน	gà-sàt i-ràan
cheik (m)	หัวหน้าเผาอาหรับ	hǔa nâa phào aa-ràp

109. Les professions agricoles

apiculteur (m)	คนเลี้ยงผึ้ง	khon líang phêung
berger (m)	คนเลี้ยงปศุสัตว์	khon líang bpà-sù-sàt
agronome (m)	นักปฐพีวิทยา	nák bpà-tà-phee wít-thá-yaa
éleveur (m)	ผู้ขยายพันธุ์สัตว์	phôo khà-yăai phan sàt
vétérinaire (m)	สัตวแพทย์	sàt phâet

fermier (m)	ชาวนา	chaao naa
vinificateur (m)	ผู้ผลิตไวน์	phôo phà-lìt wai
zoologiste (m)	นักสัตววิทยา	nák sàt wít-thá-yaa
cow-boy (m)	โคบาล	khoh-baan

110. Les professions artistiques

| acteur (m) | นักแสดงชาย | nák sà-daeng chaai |
| actrice (f) | นักแสดงหญิง | nák sà-daeng yĭng |

| chanteur (m) | นักร้องชาย | nák rórng chaai |
| cantatrice (f) | นักรองหญิง | nák rórng yĭng |

| danseur (m) | นักเต้นชาย | nák dtên chaai |
| danseuse (f) | นักเตนหญิง | nák dtên yĭng |

artiste (m)	นักแสดงชาย	nák sà-daeng chaai
artiste (f)	นักแสดงหญิง	nák sà-daeng yĭng
musicien (m)	นักดนตรี	nák don-dtree
pianiste (m)	นักเปียโน	nák bpia noh
guitariste (m)	ผู้เลนกีตาร์	phôo lên gee-dtâa

chef (m) d'orchestre	ผู้ควบคุม วงดนตรี	phôo khûap khum wong don-dtree
compositeur (m)	นักแต่งเพลง	nák dtàeng phlayng
imprésario (m)	ผู้ควบคุม การแสดง	phôo khûap khum gaan sà-daeng

metteur (m) en scène	ผู้กำกับ ภาพยนตร	phôo gam-gàp phâap-phá-yon
producteur (m)	ผู้อำนวยการสร้าง	phôo am-nuay gaan sâang
scénariste (m)	คนเขียนบท ภาพยนตร	khon khĭan bòt phâap-phá-yon
critique (m)	นักวิจารณ์	nák wí-jaan

écrivain (m)	นักเขียน	nák khĭan
poète (m)	นักกวี	nák gà-wee
sculpteur (m)	ชุงสลัก	châang sà-làk
peintre (m)	ชางวาดรูป	châang wâat rôop

jongleur (m)	นักมายากล โยนของ	nák maa-yaa gon yohn khŏrng
clown (m)	ตัวตลก	dtua dtà-lòk
acrobate (m)	นักกายกรรม	nák gaai-yá-gam
magicien (m)	นักเลนกล	nák lên gon

111. Les différents métiers

médecin (m)	แพทย์	phâet
infirmière (f)	พยาบาล	phá-yaa-baan
psychiatre (m)	จิตแพทย์	jìt-dtà-phâet
stomatologue (m)	ทันตแพทย์	than-dtà phâet
chirurgien (m)	ศัลยแพทย์	săn-yá-phâet
astronaute (m)	นักบินอวกาศ	nák bin a-wá-gàat
astronome (m)	นักดาราศาสตร์	nák daa-raa sàat
pilote (m)	นักบิน	nák bin
chauffeur (m)	คนขับ	khon khàp
conducteur (m) de train	คนขับรถไฟ	khon khàp rót fai
mécanicien (m)	ช่างเครื่อง	châang khrêuang
mineur (m)	คนงานเหมือง	khon ngaan mĕuang
ouvrier (m)	คนงาน	khon ngaan
serrurier (m)	ช่างโลหะ	châang loh-hà
menuisier (m)	ช่างไม้	châang máai
tourneur (m)	ช่างกลึง	châang gleung
ouvrier (m) du bâtiment	คนงานก่อสร้าง	khon ngaan gòr sâang
soudeur (m)	ช่างเชื่อม	châang chêuam
professeur (m) (titre)	ศาสตราจารย์	sàat-sà-dtraa-jaan
architecte (m)	สถาปนิก	sà-thăa-bpà-ník
historien (m)	นักประวัติศาสตร์	nák bprà-wàt sàat
savant (m)	นักวิทยาศาสตร	nák wít-thá-yaa sàat
physicien (m)	นักฟิสิกส์	nák fí-sìk
chimiste (m)	นักเคมี	nák khay-mee
archéologue (m)	นักโบราณคดี	nák boh-raan-ná-khá-dee
géologue (m)	นักธรณีวิทยา	nák thor-rá-nee wít-thá-yaa
chercheur (m)	ผู้วิจัย	phôo wí-jai
baby-sitter (m, f)	พี่เลี้ยงเด็ก	phêe líang dèk
pédagogue (m, f)	อาจารย	aa-jaan
rédacteur (m)	บรรณาธิการ	ban-naa-thí-gaan
rédacteur (m) en chef	หัวหน้าบรรณาธิการ	hŭa nâa ban-naa-thí-gaan
correspondant (m)	ผู้สื่อข่าว	phôo sèu khàao
dactylographe (f)	พนักงานพิมพ์ดีด	phá-nák ngaan phim dèet
designer (m)	นักออกแบบ	nák òrk bàep
informaticien (m)	ผู้เชี่ยวชาญด้านคอมพิวเตอร์	pôo chîeow-chaan dâan khorm-piw-dtêr
programmeur (m)	นักเขียนโปรแกรม	nák khĭan bproh-graem
ingénieur (m)	วิศวกร	wít-sà-wá-gon
marin (m)	กะลาสี	gà-laa-sĕe
matelot (m)	คนเรือ	khon reua
secouriste (m)	นักกู้ภัย	nák gôo phai
pompier (m)	เจ้าหน้าที่ดับเพลิง	jâo nâa-thêe dàp phlerng
policier (m)	เจ้าหน้าที่ตำรวจ	jâo nâa-thêe dtam-rùat

veilleur (m) de nuit	คนยาม	khon yaam
détective (m)	นักสืบ	nák sèup
douanier (m)	เจ้าหน้าที่ศุลกากร	jâo nâa-thêe sŭn-lá-gaa-gon
garde (m) du corps	ผู้คุมกัน	phôo khúm gan
gardien (m) de prison	ผู้คุม	phôo khum
inspecteur (m)	ผู้ตรวจการ	phôo dtrùat gaan
sportif (m)	นักกีฬา	nák gee-laa
entraîneur (m)	โค้ช	khóht
boucher (m)	คนขายเนื้อ	khon khăai néua
cordonnier (m)	คนซ่อมรองเท้า	khon sôrm rorng tháo
commerçant (m)	คนค้า	khon kháa
chargeur (m)	คนงานยกของ	khon ngaan yók khŏrng
couturier (m)	นักออกแบบแฟชั่น	nák òrk bàep fae-chân
modèle (f)	นางแบบ	naang bàep

112. Les occupations. Le statut social

écolier (m)	นักเรียน	nák rian
étudiant (m)	นักศึกษา	nák sèuk-săa
philosophe (m)	นักปราชญ์	nák bràat
économiste (m)	นักเศรษฐศาสตร์	nák sàyt-thà-sàat
inventeur (m)	นักประดิษฐ์	nák brà-dìt
chômeur (m)	คนว่างงาน	khon wâang ngaan
retraité (m)	ผู้เกษียณอายุ	phôo gà-sĭan aa-yú
espion (m)	สายลับ	săai láp
prisonnier (m)	นักโทษ	nák thôht
gréviste (m)	คนนัดหยุดงาน	kon nát yùt ngaan
bureaucrate (m)	อำมาตย์	am-màat
voyageur (m)	นักเดินทาง	nák dern-thaang
homosexuel (m)	ผู้รักเพศเดียวกัน	phôo rák phâyt dieow gan
hacker (m)	แฮ็กเกอร์	háek-gêr
hippie (m, f)	ฮิปปี้	híp-bpêe
bandit (m)	โจร	john
tueur (m) à gages	นักฆ่า	nák khâa
drogué (m)	ผู้ติดยาเสพติด	phôo dtìt yaa-sàyp-dtìt
trafiquant (m) de drogue	ผู้ค้ายาเสพติด	phôo kháa yaa-sàyp-dtìt
prostituée (f)	โสเภณี	sŏh-phay-nee
souteneur (m)	แมงดา	maeng-daa
sorcier (m)	พ่อมด	phôr mót
sorcière (f)	แม่มด	mâe mót
pirate (m)	โจรสลัด	john sà-làt
esclave (m)	ทาส	thâat
samouraï (m)	ซามูไร	saa-moo-rai
sauvage (m)	คนป่าเถื่อน	khon bpàa thèuan

Le sport

113. Les types de sports. Les sportifs

sportif (m)	นักกีฬา	nák gee-laa
type (m) de sport	ประเภทกีฬา	bprà-phâyt gee-laa
basket-ball (m)	บาสเก็ตบอล	bàat-gèt-bon
basketteur (m)	ผู้เลนบาสเก็ตบอล	phôo lâyn bàat-gèt-bon
base-ball (m)	เบสบอล	bàyt-bon
joueur (m) de base-ball	ผู้เลนเบสบอล	phôo lâyn bàyt bon
football (m)	ฟุตบอล	fút bon
joueur (m) de football	นักฟุตบอล	nák fút-bon
gardien (m) de but	ผู้รักษาประตู	phôo rák-sǎa bprà-dtoo
hockey (m)	ฮอกกี้	hôk-gêe
hockeyeur (m)	ผู้เลนฮอกกี้	phôo lâyn hôk-gêe
volley-ball (m)	วอลเลย์บอล	won-lây-bon
joueur (m) de volley-ball	ผู้เลนวอลเลยบอล	phôo lâyn won-lây-bon
boxe (f)	การชกมวย	gaan chók muay
boxeur (m)	นักมวย	nák muay
lutte (f)	การมวยปล้ำ	gaan muay bplâm
lutteur (m)	นักมวยปล้ำ	nák muay bplâm
karaté (m)	คาราเต้	khaa-raa-dtây
karatéka (m)	นักคาราเต้	nák khaa-raa-dtây
judo (m)	ยูโด	yoo-doh
judoka (m)	นักยูโด	nák yoo-doh
tennis (m)	เทนนิส	then-nít
joueur (m) de tennis	นักเทนนิส	nák then-nít
natation (f)	กีฬาว่ายน้ำ	gee-laa wâai náam
nageur (m)	นักวายน้ำ	nák wâai náam
escrime (f)	กีฬาฟันดาบ	gee-laa fan dàap
escrimeur (m)	นักฟันดาบ	nák fan dàap
échecs (m pl)	หมากรุก	màak rúk
joueur (m) d'échecs	ผู้เลนหมากรุก	phôo lên màak rúk
alpinisme (m)	การปีนเขา	gaan bpeen khǎo
alpiniste (m)	นักปีนเขา	nák bpeen khǎo
course (f)	การวิ่ง	gaan wîng

coureur (m)	นักวิ่ง	nák wîng
athlétisme (m)	กรีฑา	gree thaa
athlète (m)	นักกรีฑา	nák gree thaa
équitation (f)	กีฬาขี่ม้า	gee-laa khèe máa
cavalier (m)	นักขี่มา	nák khèe máa
patinage (m) artistique	สเก็ตลีลา	sà-gèt lee-laa
patineur (m)	นักแสดงสเก็ตลีลา	nák sà-daeng sà-gèt lee-laa
patineuse (f)	นักแสดงสเก็ตลีลา	nák sà-daeng sà-gèt lee-laa
haltérophilie (f)	กีฬายกน้ำหนัก	gee-laa yók náam nàk
haltérophile (m)	นักยกน้ำหนัก	nák yók nám nàk
course (f) automobile	การแข่งรถ	gaan khàeng rót
pilote (m)	นักแขงรถ	nák khàeng rót
cyclisme (m)	การแข่งจักรยาน	gaan khàeng jàk-grà-yaan
cycliste (m)	นักแขงจักรยาน	nák khàeng jàk-grà-yaan
sauts (m pl) en longueur	กีฬากระโดดไกล	gee-laa grà-dòht glai
sauts (m pl) à la perche	กีฬากระโดดค้าถอ	gee-laa grà dòht khám thòr
sauteur (m)	นักกระโดด	nák grà dòht

114. Les types de sports. Divers

football (m) américain	อเมริกันฟุตบอล	a-may-rí-gan fút bon
badminton (m)	แบดมินตัน	bàet-min-dtân
biathlon (m)	ไบแอธลอน	bpai-oht-lon
billard (m)	บิลเลียด	bin-lîat
bobsleigh (m)	การขับเลื่อน นำแข็ง	gaan khàp lêuan náam khăeng
bodybuilding (m)	การเพาะกาย	gaan phór gaai
water-polo (m)	กีฬาโปโลน้ำ	gee-laa bpoh loh nám
handball (m)	แฮนด์บอล	haen-bon
golf (m)	กอลฟ์	góf
aviron (m)	การพายูเรือ	gaan phaai reua
plongée (f)	การดำน้ำ	gaan dam náam
course (f) à skis	การแขงสกี ตามเสนทาง	gaan khàeng sà-gee dtaam sên thaang
tennis (m) de table	กีฬาปิงปอง	gee-laa bping-bpong
voile (f)	การแลนเรือใบ	gaan lâen reua bai
rallye (m)	การแขงแรลลี่	gaan khàeng rae lá-lêe
rugby (m)	รักบี้	rák-bêe
snowboard (m)	สโนว์บอร์ด	sà-nŏh bòt
tir (m) à l'arc	การยิงธนู	gaan ying thá-noo

115. La salle de sport

barre (f) à disques	บาร์เบลล์	baa bayn
haltères (m pl)	ที่ยกน้ำหนัก	thêe yók nám nàk

appareil (m) d'entraînement	เครื่องออกกำลังกาย	khrêuang òk gam-lang gaai
vélo (m) d'exercice	จักรยานออก	jàk-grà-yaan òk
	กำลังกาย	gam-lang gaai
tapis (m) roulant	ลู่วิ่งออกกำลังกาย	lôo wîng òk gam-lang gaai
barre (f) fixe	บาร์เดี่ยว	baa dìeow
barres (pl) parallèles	บาร์คู่	baa khôo
cheval (m) d'Arçons	ม้าขวาง	máa khwǎang
tapis (m) gymnastique	เสื่อออกกำลังกาย	sèua òrk gam-lang gaai
corde (f) à sauter	กระโดดเชือก	grà dòht chêuak
aérobic (m)	แอโรบิก	ae-roh-bìk
yoga (m)	โยคะ	yoh-khá

116. Le sport. Divers

Jeux (m pl) olympiques	กีฬาโอลิมปิก	gee-laa oh-lim-bpìk
gagnant (m)	ผู้ชนะ	phôo chá-ná
remporter (vt)	ชนะ	chá-ná
gagner (vi)	ชนะ	chá-ná
leader (m)	ผู้นำ	phôo nam
prendre la tête	นำ	nam
première place (f)	อันดับที่หนึ่ง	an-dàp thêe nèung
deuxième place (f)	อันดับที่สอง	an-dàp thêe sǒrng
troisième place (f)	อันดับที่สาม	an-dàp thêe sǎam
médaille (f)	เหรียญรางวัล	rǐan raang-wan
trophée (m)	ถ้วยรางวัล	thûay raang-wan
coupe (f) (trophée)	เวท	wâyt
prix (m)	รางวัล	raang-wan
prix (m) principal	รางวัลหลัก	raang-wan làk
record (m)	สถิติ	sà-thì-dtì
établir un record	ทำสถิติ	tham sà-thì-dtì
finale (f)	รอบสุดท้าย	rôrp sùt tháai
final (adj)	สุดท้าย	sùt tháai
champion (m)	แชมเปี้ยน	chaem-bpîan
championnat (m)	ชิงแชมป์	ching chaem
stade (m)	สนาม	sà-nǎam
tribune (f)	อัฒจันทร์	àt-tá-jan
supporteur (m)	แฟน	faen
adversaire (m)	คู่ต่อสู้	khôo dtòr sôo
départ (m)	เส้นเริ่ม	sên rêrm
ligne (f) d'arrivée	เส้นชัย	sên chai
défaite (f)	ความพ่ายแพ้	khwaam phâai pháe
perdre (vi)	แพ้	pháe
arbitre (m)	กรรมการ	gam-má-gaan

jury (m)	คณะผู้ตัดสิน	khá-ná phôo dtàt sǐn
score (m)	คะแนน	khá-naen
match (m) nul	เสมอ	sà-měr
faire match nul	ได้คะแนนเท่ากัน	dâai khá-naen thâo gan
point (m)	แต้ม	dtâem
résultat (m)	ผลลัพธ์	phǒn láp

| période (f) | ช่วง | chûang |
| mi-temps (f) (pause) | ช่วงพักครึ่ง | chûang phák khrêung |

dopage (m)	การใช้สารต้องห้าม ทางการกีฬา	gaan chái sǎan dtôrng hâam thaang gaan gee-laa
pénaliser (vt)	ทำโทษ	tham thôht
disqualifier (vt)	ตัดสิทธิ์	dtàt sìt

agrès (m)	อุปกรณ์	ù-bpà-gon
lance (f)	แหลน	lǎen
poids (m) (boule de métal)	ลูกเหล็ก	lôok lèk
bille (f) (de billard, etc.)	ลูก	lôok

but (cible)	เล็งเป้า	leng bpâo
cible (~ en papier)	เป้านิ่ง	bpâo nîng
tirer (vi)	ยิง	ying
précis (un tir ~)	แม่นยำ	mâen yam

entraîneur (m)	โค้ช	khóht
entraîner (vt)	ฝึก	fèuk
s'entraîner (vp)	ฝึกหัด	fèuk hàt
entraînement (m)	การฝึกหัด	gaan fèuk hàt

salle (f) de gym	โรงยิม	rohng-yim
exercice (m)	การออกกำลัง	gaan òrk gam-lang
échauffement (m)	การอบอุ่นรางกาย	gaan òp ùn râang gaai

L'éducation

117. L'éducation

école (f)	โรงเรียน	rohng rian
directeur (m) d'école	อาจารย์ใหญ่	aa-jaan yài
élève (m)	นักเรียน	nák rian
élève (f)	นักเรียน	nák rian
écolier (m)	เด็กนักเรียนชาย	dèk nák rian chaai
écolière (f)	เด็กนักเรียนหญิง	dèk nák rian yǐng
enseigner (vt)	สอน	sǒrn
apprendre (~ l'arabe)	เรียน	rian
apprendre par cœur	ท่องจำ	thôrng jam
apprendre (à faire qch)	เรียน	rian
être étudiant, -e	ไปโรงเรียน	bpai rohng rian
aller à l'école	ไปโรงเรียน	bpai rohng rian
alphabet (m)	ตัวอักษร	dtua àk-sǒn
matière (f)	วิชา	wí-chaa
salle (f) de classe	ห้องเรียน	hôrng rian
leçon (f)	ชั่วโมงเรียน	chûa mohng rian
récréation (f)	ช่วงพัก	chûang phák
sonnerie (f)	สัญญาณหมดเรียน	sǎn-yaan mòt rian
pupitre (m)	โต๊ะนักเรียน	dtó nák rian
tableau (m) noir	กระดานดำ	grà-daan dam
note (f)	เกรด	gràyt
bonne note (f)	เกรดดี	gràyt dee
mauvaise note (f)	เกรดแย่	gràyt yâe
donner une note	ให้เกรด	hâi gràyt
faute (f)	ข้อผิดพลาด	khôr phìt phlâat
faire des fautes	ทำผิดพลาด	tham phìt phlâat
corriger (une erreur)	แก้ไข	gâe khǎi
antisèche (f)	โพย	phoi
devoir (m)	การบ้าน	gaan bâan
exercice (m)	แบบฝึกหัด	bàep fèuk hàt
être présent	มาเรียน	maa rian
être absent	ขาด	khàat
manquer l'école	ขาดเรียน	khàat rian
punir (vt)	ลงโทษ	long thôht
punition (f)	การลงโทษ	gaan long thôht
conduite (f)	ความประพฤติ	khwaam bprà-préut

carnet (m) de notes	สมุดพก	sà-mùt phók
crayon (m)	ดินสอ	din-sŏr
gomme (f)	ยางลบ	yaang lóp
craie (f)	ชอลค	chôrk
plumier (m)	กล่องดินสอ	glòrng din-sŏr

cartable (m)	กระเป๋า	grà-bpăo
stylo (m)	ปากกา	bpàak gaa
cahier (m)	สมุดจด	sà-mùt jòt
manuel (m)	หนังสือเรียน	năng-sĕu rian
compas (m)	วงเวียน	wong wian

dessiner (~ un plan)	ร่างภาพทางเทคนิค	râang phâap thaang thék-nìk
dessin (m) technique	ภาพร่างทางเทคนิค	phâap-râang thaang thék-nìk

poésie (f)	กลอน	glorn
par cœur (adv)	โดยทองจำ	doi thôrng jam
apprendre par cœur	ทองจำ	thôrng jam

vacances (f pl)	เวลาปิดเทอม	way-laa bpìt therm
être en vacances	หยุดปิดเทอม	yùt bpìt therm
passer les vacances	ใช้เวลาหยุดปิดเทอม	chái way-laa yùt bpìt therm

interrogation (f) écrite	การทดสอบ	gaan thót sòrp
composition (f)	ความเรียง	khwaam riang
dictée (f)	การเขียนตามคำบอก	gaan khĭan dtaam kam bòrk
examen (m)	การสอบ	gaan sòrp
passer les examens	สอบไล่	sòrp lâi
expérience (f) (~ de chimie)	การทดลอง	gaan thót lorng

118. L'enseignement supérieur

académie (f)	โรงเรียน	rohng rian
université (f)	มหาวิทยาลัย	má-hăa wít-thá-yaa-lai
faculté (f)	คณะ	khá-ná

étudiant (m)	นักศึกษา	nák sèuk-săa
étudiante (f)	นักศึกษา	nák sèuk-săa
enseignant (m)	อาจารย์	aa-jaan

salle (f)	ห้องบรรยาย	hôrng ban-yaai
licencié (m)	บัณฑิต	ban-dìt

diplôme (m)	อนุปริญญา	a-nú bpà-rin-yaa
thèse (f)	ปริญญานิพนธ์	bpà-rin-yaa ní-phon

étude (f)	การวิจัย	gaan wí-jai
laboratoire (m)	หองปฏิบัติการ	hôrng bpà-dtì-bàt gaan

cours (m)	การบรรยาย	gaan ban-yaai
camarade (m) de cours	เพื่อนรวมชั้น	phêuan rûam chán

bourse (f)	ทุน	thun
grade (m) universitaire	วุฒิการศึกษา	wút-thí gaan sèuk-săa

119. Les disciplines scientifiques

mathématiques (f pl)	คณิตศาสตร์	khá-nít sàat
algèbre (f)	พีชคณิต	phee-chá-khá-nít
géométrie (f)	เรขาคณิต	ray-khǎa khá-nít
astronomie (f)	ดาราศาสตร์	daa-raa sàat
biologie (f)	ชีววิทยา	chee-wá-wít-thá-yaa
géographie (f)	ภูมิศาสตร์	phoo-mí-sàat
géologie (f)	ธรณีวิทยา	thor-rá-nee wít-thá-yaa
histoire (f)	ประวัติศาสตร์	bprà-wàt sàat
médecine (f)	แพทยศาสตร์	phâet-tha-ya-sàat
pédagogie (f)	ครุศาสตร	khrú sàat
droit (m)	ธรรมศาสตร	tham-ma -sàat
physique (f)	ฟิสิกส์	fí-sìk
chimie (f)	เคมี	khay-mee
philosophie (f)	ปรัชญา	bpràt-yaa
psychologie (f)	จิตวิทยา	jìt-wít-thá-yaa

120. Le système d'écriture et l'orthographe

grammaire (f)	ไวยากรณ์	wai-yaa-gon
vocabulaire (m)	คำศัพท์	kham sàp
phonétique (f)	การออกเสียง	gaan òrk sǐang
nom (m)	นาม	naam
adjectif (m)	คำคุณศัพท์	kham khun-ná-sàp
verbe (m)	กริยา	grì-yaa
adverbe (m)	คำวิเศษณ์	kham wí-sàyt
pronom (m)	คำสรรพนาม	kham sàp-phá-naam
interjection (f)	คำอุทาน	kham u-thaan
préposition (f)	คำบุพบท	kham bùp-phá-bòt
racine (f)	รากศัพท์	râak sàp
terminaison (f)	คำลงท้าย	kham long tháai
préfixe (m)	คำนำหน้า	kham nam nâa
syllabe (f)	พยางค์	phá-yaang
suffixe (m)	คำเสริมท้าย	kham sěrm tháai
accent (m) tonique	เครื่องหมายเน้น	khrêuang mǎai náyn
apostrophe (f)	อะพอสทรอฟี	à-phor-sòt-ror-fee
point (m)	จุด	jùt
virgule (f)	จุลภาค	jun-lá-phâak
point (m) virgule	อัฒภาค	àt-thá-phâak
deux-points (m)	ทวิภาค	thá-wí phâak
points (m pl) de suspension	การละไว้	gaan lá wái
point (m) d'interrogation	เครื่องหมายปรัศนี	khrêuang mǎai bpràt-nee
point (m) d'exclamation	เครื่องหมายอัศเจรีย์	khrêuang mǎai àt-sà-jay-ree

guillemets (m pl)	อัญประกาศ	an-yá-bprà-gàat
entre guillemets	ในอัญประกาศ	nai an-yá-bprà-gàat
parenthèses (f pl)	วงเล็บ	wong lép
entre parenthèses	ในวงเล็บ	nai wong lép

trait (m) d'union	ยัติภังค์	yát-dtì-phang
tiret (m)	ขีดคั่น	khèet khân
blanc (m)	ชองไฟ	chôrng fai

| lettre (f) | ตัวอักษร | dtua àk-sŏn |
| majuscule (f) | อักษรตัวใหญ่ | àk-sŏn dtua yài |

| voyelle (f) | สระ | sà-ra |
| consonne (f) | พยัญชนะ | phá-yan-chá-ná |

proposition (f)	ประโยค	bprà-yòhk
sujet (m)	ภาคประธาน	phâak bprà-thaan
prédicat (m)	ภาคแสดง	phâak sà-daeng

ligne (f)	บรรทัด	ban-thát
à la ligne	ที่บรรทัดใหม่	têe ban-thát mài
paragraphe (m)	วรรค	wák

mot (m)	คำ	kham
groupe (m) de mots	กลุ่มคำ	glùm kham
expression (f)	วลี	wá-lee
synonyme (m)	คำพ้องความหมาย	kham phóng khwaam măai
antonyme (m)	คำตรงกันข้าม	kham dtrorng gan khâam

règle (f)	กฎ	gòt
exception (f)	ข้อยกเว้น	khôr yok-wâyn
correct (adj)	ถูก	thòok

conjugaison (f)	คอนจูเกชัน	khorn joo gay chan
déclinaison (f)	การกระจายคำ	gaan grà-jaai kham
cas (m)	การก	gaa-rók
question (f)	คำถาม	kham thăam
souligner (vt)	ขีดเส้นใต้	khèet sên dtâi
pointillé (m)	เสนประ	sên bprà

121. Les langues étrangères

langue (f)	ภาษา	phaa-săa
étranger (adj)	ตางชาติ	dtàang châat
langue (f) étrangère	ภาษาตางชาติ	phaa-săa dtàang châat
étudier (vt)	เรียน	rian
apprendre (~ l'arabe)	เรียน	rian

lire (vi, vt)	อ่าน	àan
parler (vi, vt)	พูด	phôot
comprendre (vt)	เข้าใจ	khâo jai
écrire (vt)	เขียน	khĭan
vite (adv)	รวดเร็ว	rûat reo
lentement (adv)	อย่างชา	yàang cháa

couramment (adv)	อย่างคล่อง	yàang khlôrng
règles (f pl)	กฎ	gòt
grammaire (f)	ไวยากรณ์	wai-yaa-gon
vocabulaire (m)	คำศัพท์	kham sàp
phonétique (f)	การออกเสียง	gaan òrk sĭang
manuel (m)	หนังสือเรียน	năng-sĕu rian
dictionnaire (m)	พจนานุกรม	phót-jà-naa-nú-grom
manuel (m) autodidacte	หนังสือแบบเรียน	năng-sĕu bàep rian
	ด้วยตนเอง	dûay dton ayng
guide (m) de conversation	เฟรสบุก	frayt bùk
cassette (f)	เทปคาสเซ็ตต์	thâyp khaas-sét
cassette (f) vidéo	วิดีโอ	wí-dee-oh
CD (m)	CD	see-dee
DVD (m)	DVD	dee-wee-dee
alphabet (m)	ตัวอักษร	dtua àk-sŏn
épeler (vt)	สะกด	sà-gòt
prononciation (f)	การออกเสียง	gaan òrk sĭang
accent (m)	สำเนียง	săm-niang
avec un accent	มีสำเนียง	mee săm-niang
sans accent	ไม่มีสำเนียง	mâi mee săm-niang
mot (m)	คำ	kham
sens (m)	ความหมาย	khwaam măai
cours (m pl)	หลักสูตร	làk sòot
s'inscrire (vp)	สมัคร	sà-màk
professeur (m) (~ d'anglais)	อาจารย์	aa-jaan
traduction (f) (action)	การแปล	gaan bplae
traduction (f) (texte)	คำแปล	kham bplae
traducteur (m)	นักแปล	nák bplae
interprète (m)	ล่าม	lâam
polyglotte (m)	ผู้รู้หลายภาษา	phôo róo lăai paa-săa
mémoire (f)	ความทรงจำ	khwaam song jam

122. Les personnages de contes de fées

Père Noël (m)	ซานตาคลอส	saan-dtaa-khlôrt
Cendrillon (f)	ซินเดอเรลลา	sín-day-rayn-lâa
sirène (f)	เงือก	ngêuak
Neptune (m)	เนปจูน	nâyp-joon
magicien (m)	พ่อมด	phôr mót
fée (f)	แม่มด	mâe mót
magique (adj)	วิเศษ	wí-sàyt
baguette (f) magique	ไม้กายสิทธิ์	mái gaai-yá-sìt
conte (m) de fées	เทพนิยาย	thâyp ní-yaai
miracle (m)	ปาฏิหาริย์	bpaa dtì-hăan

| gnome (m) | คนแคระ | khon khráe |
| se transformer en ... | กลายเป็น... | glaai bpen... |

esprit (m) (revenant)	ผี	phěe
fantôme (m)	ภูตผีปีศาจ	phôot phěe bpee-sàat
monstre (m)	สัตว์ประหลาด	sàt bprà-làat
dragon (m)	มังกร	mang-gon
géant (m)	ยักษ์	yák

123. Les signes du zodiaque

Bélier (m)	ราศีเมษ	raa-sěe mâyt
Taureau (m)	ราศีพฤษภ	raa-sěe phréut-sòp
Gémeaux (m pl)	ราศีมิถุน	raa-sěe me-thǔn
Cancer (m)	ราศีกรกฏ	raa-sěe gor-rá-gòt
Lion (m)	ราศีสิงห์	raa-sěe-sǐng
Vierge (f)	ราศีกันย์	raa-sěe gan

Balance (f)	ราศีตุล	raa-sěe dtun
Scorpion (m)	ราศีพฤศจิก	raa-sěe phréut-sà-jìk
Sagittaire (m)	ราศีธนว	raa-sěe than
Capricorne (m)	ราศีมังกร	raa-sěe mang-gon
Verseau (m)	ราศีกุมภ	raa-sěe gum
Poissons (m pl)	ราศีมีน	raa-sěe meen

caractère (m)	บุคลิก	bùk-khá-lík
traits (m pl) du caractère	ลักษณะบุคลิก	lák-sà-nà bùk-khá-lík
conduite (f)	พฤติกรรม	phréut-dtì-gam
dire la bonne aventure	ทำนายชะตา	tham naai chá-dtaa
diseuse (f) de bonne aventure	หมอดู	mǒr doo
horoscope (m)	ดวงชะตา	duang chá-dtaa

L'art

124. Le théâtre

théâtre (m)	โรงละคร	rohng lá-khon
opéra (m)	โอเปรา	oh-bprào
opérette (f)	ละครเพลง	lá-khon phlayng
ballet (m)	บัลเลต์	ban lây

affiche (f)	โปสเตอร์ละคร	bpòht-dtêr lá-khon
troupe (f) de théâtre	คณะผู้แสดง	khá-ná phôo sà-daeng
tournée (f)	การออกแสดง	gaan òrk sà-daeng
être en tournée	ออกแสดง	òrk sà-daeng
répéter (vt)	ซ้อม	sórm
répétition (f)	การซ้อม	gaan sórm
répertoire (m)	รายการละคร	raai gaan lá-khon

représentation (f)	การแสดง	gaan sà-daeng
spectacle (m)	การแสดง มหรสพ	gaan sà-daeng má-hǒr-rá-sòp
pièce (f) de théâtre	ละคร	lá-khon
billet (m)	ตั๋ว	dtǔa
billetterie (f pl)	ช่องจำหน่ายตั๋ว	chôrng jam-nàai dtǔa
hall (m)	ล็อบบี้	lórp-bêe
vestiaire (m)	ที่รับฝากเสื้อโค้ท	thêe ráp fàak sêua khóht
jeton (m) de vestiaire	ป้ายรับเสื้อ	bpâai ráp sêua
jumelles (f pl)	กล้องสองสองตา	glôrng sòrng sǒrng dtaa
placeur (m)	พนักงานที่นำไปยังที่นั่ง	phá-nák ngaan thêe nam bpai yang thêe nâng

parterre (m)	ที่นั่งชั้นล่าง	thêe nâng chán lâang
balcon (m)	ที่นั่งชั้นสอง	thêe nâng chán sǒrng
premier (m) balcon	ที่นั่งชั้นบน	thêe nâng chán bon
loge (f)	ที่นั่งพิเศษ	thêe nâng phí-sàyt
rang (m)	แถว	thǎe
place (f)	ที่นั่ง	thêe nâng

public (m)	ผู้ชม	phôo chom
spectateur (m)	ผู้เขาชม	phôo khâo chom
applaudir (vi)	ปรบมือ	bpròp meu
applaudissements (m pl)	การปรบมือ	gaan bpròp meu
ovation (f)	การปรบมือให้เกียรติ	gaan bpròp meu hâi gìat

scène (f) (monter sur ~)	เวที	way-thee
rideau (m)	ฉาก	chàak
décor (m)	ฉาก	chàak
coulisses (f pl)	หลังเวที	lăng way-thee
scène (f) (la dernière ~)	ตอน	dtorn
acte (m)	องค์	ong
entracte (m)	ช่วงหยุดพัก	chûang yùt phák

125. Le cinéma

acteur (m)	นักแสดงชาย	nák sà-daeng chaai
actrice (f)	นักแสดงหญิง	nák sà-daeng yǐng
cinéma (m) (industrie)	ภาพยนตร์	phâap-phá-yon
film (m)	หนัง	nǎng
épisode (m)	ตอน	dtorn
film (m) policier	หนังประโลมโลกสืบสวน	nǎng sèup sǔan
film (m) d'action	หนังแอ็คชั่น	nǎng áek-chân
film (m) d'aventures	หนังผจญภัย	nǎng phà-jon phai
film (m) de science-fiction	หนังนิยายวิทยาศาสตร์	nǎng ní-yaai wít-thá-yaa sàat
film (m) d'horreur	หนังสยองขวัญ	nǎng sà-yǒrng khwǎn
comédie (f)	หนังตลก	nǎng dtà-lòk
mélodrame (m)	หนังประโลมโลก	nǎng bprà-lohm lôhk
drame (m)	หนังดรามา	nǎng dràa maa
film (m) de fiction	หนังเรื่องแต่ง	nǎng rêuang dtàeng
documentaire (m)	หนังสารคดี	nǎng sǎa-rá-khá-dee
dessin (m) animé	การ์ตูน	gaa-dtoon
cinéma (m) muet	หนังเงียบ	nǎng ngîap
rôle (m)	บทบาท	bòt bàat
rôle (m) principal	บทบาทนำ	bòt bàat nam
jouer (vt)	แสดง	sà-daeng
vedette (f)	ดาราภาพยนตร์	daa-raa phâap-phá-yon
connu (adj)	เป็นที่รู้จักดี	bpen thêe róo jàk dee
célèbre (adj)	ชื่อดัง	chêu dang
populaire (adj)	ที่นิยม	thêe ní-yom
scénario (m)	บท	bòt
scénariste (m)	คนเขียนบท	khon khǐan bòt
metteur (m) en scène	ผู้กำกับ ภาพยนตร์	phôo gam-gàp phâap-phá-yon
producteur (m)	ผู้อำนวยการสร้าง	phôo am-nuay gaan sâang
assistant (m)	ผู้ช่วย	phôo chûay
opérateur (m)	ช่างกล้อง	châang glôrng
cascadeur (m)	นักแสดงแทน	nák sà-daeng thaen
doublure (f)	นักแสดงแทน	nák sà-daeng thaen
tourner un film	ถ่ายทำภาพยนตร์	thàai tham phâap-phá-yon
audition (f)	การคัดนักแสดง	gaan khát nák sà-daeng
tournage (m)	การถ่ายทำ	gaan thàai tham
équipe (f) de tournage	กลุ่มคนถ่าย ภาพยนต	glùm khon thàai phâa-pha-yon
plateau (m) de tournage	สถานที่ ถ่ายทำภาพยนตร์	sà-thǎan thêe thàai tham phâap-phá-yon
caméra (f)	กล้อง	glôrng
cinéma (m)	โรงภาพยนตร์	rohng phâap-phá-yon
écran (m)	หน้าจอ	nâa jor
donner un film	ฉายภาพยนตร์	chǎai phâap-phá-yon

piste (f) sonore	เสียงซาวด์แทร็ก	sĭang saao tráek
effets (m pl) spéciaux	เอฟเฟ็กต์พิเศษ	àyf-fék phí-sàyt
sous-titres (m pl)	ซับ	sáp
générique (m)	เครดิต	khray-dìt
traduction (f)	การแปล	gaan bplae

126. La peinture

art (m)	ศิลปะ	sĭn-lá-bpà
beaux-arts (m pl)	วิจิตรศิลป์	wí-jìt sĭn
galerie (f) d'art	หอศิลป์	hŏr sĭn
exposition (f) d'art	การจัดแสดงศิลปะ	gaan jàt sà-daeng sĭn-lá-bpà
peinture (f)	จิตรกรรม	jìt-dtrà-gam
graphique (f)	เลขนศิลป์	lâyk-ná-sĭn
art (m) abstrait	ศิลปะนามธรรม	sĭn-lá-bpà naam-má-tham
impressionnisme (m)	ลัทธิประทับใจ	lát-thí bprà-tháp jai
tableau (m)	ภาพ	phâap
dessin (m)	ภาพวาด	phâap-wâat
poster (m)	โปสเตอร์	bpòht-dtêr
illustration (f)	ภาพประกอบ	phâap bprà-gòrp
miniature (f)	รูปปั้นขนาดยอ	rôop bpân khà-nàat yôr
copie (f)	สำเนา	săm-nao
reproduction (f)	การทำซ้ำ	gaan tham sám
mosaïque (f)	โมเสก	moh-sàyk
vitrail (m)	หน้าต่างกระจกสี	nâa dtàang grà-jòk sĕe
fresque (f)	ภาพผนัง	phâap phà-năng
gravure (f)	การแกะลาย	gaan gàe laai
buste (m)	รูปปั้นครึ่งตัว	rôop bpân khrêung dtua
sculpture (f)	รูปปั้นแกะสลัก	rôop bpân gàe sà-làk
statue (f)	รูปปั้น	rôop bpân
plâtre (m)	ปูนปลาสเตอร์	bpoon bpláat-dtêr
en plâtre	ปูนปลาสเตอร์	bpoon bpláat-dtêr
portrait (m)	ภาพเหมือน	phâap mĕuan
autoportrait (m)	ภาพเหมือนของตนเอง	phâap mĕuan khŏrng dton ayng
paysage (m)	ภาพภูมิทัศน์	phâap phoom-mi -thát
nature (f) morte	ภาพหุ่นนิ่ง	phâap hùn nîng
caricature (f)	ภาพล้อ	phâap-lór
croquis (m)	ภาพสเก็ตช์	phâap sà-gèt
peinture (f)	สี	sĕe
aquarelle (f)	สีน้ำ	sĕe náam
huile (f)	สีน้ำมัน	sĕe náam man
crayon (m)	ดินสอ	din-sŏr
encre (f) de Chine	หมึกสีดำ	mèuk sĕe dam
fusain (m)	ถ่าน	thàan
dessiner (vi, vt)	วาด	wâat
peindre (vi, vt)	ระบายสี	rá-baai sĕe

poser (vt)	จัดท่า	jàt thâa
modèle (m)	แบบภาพวาด	bàep phâap-wâat
modèle (f)	แบบภาพวาด	bàep phâap-wâat
peintre (m)	ช่างวาดรูป	châang wâat rôop
œuvre (f) d'art	งานศิลปะ	ngaan sĭn-lá-bpà
chef (m) d'œuvre	งานชิ้นเอก	ngaan chín àyk
atelier (m) d'artiste	สตูดิโอ	sà-dtoo dì oh
toile (f)	ผ้าใบ	phâa bai
chevalet (m)	ขาตั้งกระดาน	khăa dtâng grà daan
	วาดรูป	wâat rôop
palette (f)	จานสี	jaan sĕe
encadrement (m)	กรอบ	gròrp
restauration (f)	การฟื้นฟู	gaan féun foo
restaurer (vt)	ฟื้นฟู	féun foo

127. La littérature et la poésie

littérature (f)	วูรรณคดี	wan-ná-khá-dee
auteur (m) (écrivain)	ผู้แต่ง	phôo dtàeng
pseudonyme (m)	นามปากกา	naam bpàak gaa
livre (m)	หนังสือ	năng-sĕu
volume (m)	เล่ม	lêm
table (f) des matières	สารบัญ	săa-rá-ban
page (f)	หน้า	nâa
protagoniste (m)	ตัวละครหลัก	dtua lá-khon làk
autographe (m)	ลายเซ็น	laai sen
récit (m)	เรื่องสั้น	rêuang sân
nouvelle (f)	เรื่องราว	rêuang raao
roman (m)	นิยาย	ní-yaai
œuvre (f) littéraire	งานเขียน	ngaan khĭan
fable (f)	นิทาน	ní-thaan
roman (m) policier	นิยายสืบสวน	ní-yaai sèup sŭan
vers (m)	กลอน	glorn
poésie (f)	บทกลอน	bòt glorn
poème (m)	บทกวี	bòt gà-wee
poète (m)	นักกวี	nák gà-wee
belles-lettres (f pl)	เรื่องแต่ง	rêuang dtàeng
science-fiction (f)	นิยายวิทยาศาสตร์	ní-yaai wít-thá-yaa sàat
aventures (f pl)	นิยายผจญภัย	ní-yaai phà-jon phai
littérature (f) didactique	วรรณกรรมการศึกษา	wan-ná-gam gaan sèuk-săa
littérature (f) pour enfants	วรรณกรรมสำหรับเด็ก	wan-ná-gam săm-ràp dèk

128. Le cirque

cirque (m)	ละครสัตว์	lá-khon sàt
chapiteau (m)	ละครสัตว์เลื่อน	lá-khon sàt lây rôrn

| programme (m) | รายการการแสดง | raai gaan gaan sà-daeng |
| représentation (f) | การแสดง | gaan sà-daeng |

| numéro (m) | การแสดง | gaan sà-daeng |
| arène (f) | เวทีละครสัตว์ | way-thee lá-kon sàt |

| pantomime (f) | ละครใบ้ | lá-khon bâi |
| clown (m) | ตัวตลก | dtua dtà-lòk |

acrobate (m)	นักกายกรรม	nák gaai-yá-gam
acrobatie (f)	กายกรรม	gaai-yá-gam
gymnaste (m)	นักกายกรรม	nák gaai-yá-gam
gymnastique (f)	กายกรรม	gaai-yá-gam
salto (m)	การตีลังกา	gaan dtee lang-gaa

hercule (m)	นักกีฬา	nák gee-laa
dompteur (m)	ผู้ฝึกสัตว์	phôo fèuk sàt
écuyer (m)	นักขี่	nák khèe
assistant (m)	ผู้ช่วย	phôo chûay

truc (m)	ผาดโผน	phàat phǒhn
tour (m) de passe-passe	มายากล	maa-yaa gon
magicien (m)	นักมายากล	nák maa-yaa gon

jongleur (m)	นักมายากล	nák maa-yaa gon
	โยนของ	yohn khǒrng
jongler (vi)	โยนของ	yohn khǒrng
dresseur (m)	ผู้ฝึกสัตว์	phôo fèuk sàt
dressage (m)	การฝึกสัตว์	gaan fèuk sàt
dresser (vt)	ฝึก	fèuk

129. La musique

musique (f)	ดนตรี	don-dtree
musicien (m)	นักดนตรี	nák don-dtree
instrument (m) de musique	เครื่องดนตรี	khrêuang don-dtree
jouer de ...	เล่น	lên

guitare (f)	กีตาร์	gee-dtâa
violon (m)	ไวโอลิน	wai-oh-lin
violoncelle (m)	เชลโล	chayn-lôh
contrebasse (f)	ดับเบิลเบส	dàp-bern bàyt
harpe (f)	พิณ	phin

piano (m)	เปียโน	bpia noh
piano (m) à queue	แกรนด์เปียโน	graen bpia-noh
orgue (m)	ออร์แกน	or-gaen

instruments (m pl) à vent	เครื่องเป่า	khrêuang bpào
hautbois (m)	โอโบ	oh-boh
saxophone (m)	แซ็กโซโฟน	sáek-soh-fohn
clarinette (f)	แคลริเน็ต	khlae-rí-nét
flûte (f)	ฟลูต	flút
trompette (f)	ทรัมเป็ต	thram-bpèt

| accordéon (m) | หีบเพลงชัก | hèep phlayng chák |
| tambour (m) | กลอง | glorng |

duo (m)	คู่	khôo
trio (m)	วงทริโอ	wong thrí-oh
quartette (m)	กลุ่มที่มีสี่คน	glùm thêe mee sèe khon
chœur (m)	คณะประสานเสียง	khá-ná bprà-săan sĭang
orchestre (m)	วงดุริยางค์	wong dù-rí-yaang

musique (f) pop	เพลงป็อป	phlayng bpòp
musique (f) rock	เพลงร็อค	phlayng rók
groupe (m) de rock	วงร็อค	wong rórk
jazz (m)	แจซ	jáet

| idole (f) | ไอดอล | ai-dorn |
| admirateur (m) | แฟน | faen |

concert (m)	คอนเสิร์ต	khon-sèrt
symphonie (f)	ซิมโฟนี	sím-foh-nee
œuvre (f) musicale	การแต่งเพลง	gaan dtàeng phlayng
composer (vt)	แต่ง	dtàeng

chant (m) (~ d'oiseau)	การร้องเพลง	gaan róng playng
chanson (f)	เพลง	phlayng
mélodie (f)	เสียงเพลง	sĭang phlayng
rythme (m)	จังหวะ	jang wà
blues (m)	บลูส	bloo

notes (f pl)	โน้ตเพลง	nóht phlayng
baguette (f)	ไม้สั้นของ	máai sân khŏrng
	วาทยากร	wâa-tha-yaa gon
archet (m)	คันซอ	khan sor
corde (f)	สาย	săai
étui (m)	กลอง	glòrng

Les loisirs. Les voyages

130. Les voyages. Les excursions

tourisme (m)	การท่องเที่ยว	gaan thôrng thîeow
touriste (m)	นักท่องเที่ยว	nák thôrng thîeow
voyage (m) (à l'étranger)	การเดินทาง	gaan dern thaang
aventure (f)	การผจญภัย	gaan phà-jon phai
voyage (m)	การเดินทาง	gaan dern thaang
vacances (f pl)	วันหยุดพักผ่อน	wan yùt phák phòrn
être en vacances	หยุดพักผอน	yùt phák phòrn
repos (m) (jours de ~)	การพัก	gaan phák
train (m)	รถไฟ	rót fai
en train	โดยรถไฟ	doi rót fai
avion (m)	เครื่องบิน	khrêuang bin
en avion	โดยเครื่องบิน	doi khrêuang bin
en voiture	โดยรถยนต์	doi rót-yon
en bateau	โดยเรือ	doi reua
bagage (m)	สัมภาระ	săm-phaa-rá
malle (f)	กระเป๋าเดินทาง	grà-bpăo dern-thaang
chariot (m)	รถขนสัมภาระ	rót khŏn săm-phaa-rá
passeport (m)	หนังสือเดินทาง	năng-sěu dern-thaang
visa (m)	วีซ่า	wee-sâa
ticket (m)	ตั๋ว	dtŭa
billet (m) d'avion	ตั๋วเครื่องบิน	dtŭa khrêuang bin
guide (m) (livre)	หนังสือแนะนำ	năng-sěu náe nam
carte (f)	แผนที่	phăen thêe
région (f) (~ rurale)	เขต	khàyt
endroit (m)	สถานที่	sà-thăan thêe
exotisme (m)	สิ่งแปลกใหม่	sìng bplàek mài
exotique (adj)	ต่างแดน	dtàang daen
étonnant (adj)	น่าประหลาดใจ	nâa bprà-làat jai
groupe (m)	กลุ่ม	glùm
excursion (f)	การเดินทาง ท่องเที่ยว	gaan dern taang thôrng thîeow
guide (m) (personne)	มัคคุเทศก์	mák-khú-thâyt

131. L'hôtel

hôtel (m)	โรงแรม	rohng raem
motel (m)	โรงแรม	rohng raem

3 étoiles	สามดาว	sǎam daao
5 étoiles	หาดาว	hâa daao
descendre (à l'hôtel)	พัก	phák
chambre (f)	ห้อง	hôrng
chambre (f) simple	ห้องเดี่ยว	hôrng dìeow
chambre (f) double	หองคู	hôrng khôo
réserver une chambre	จองหอง	jorng hôrng
demi-pension (f)	พักครึ่งวัน	phák khrêung wan
pension (f) complète	พักเต็มวัน	phák dtem wan
avec une salle de bain	มีห้องอาบน้ำ	mee hôrng àap náam
avec une douche	มีฝักบัว	mee fàk bua
télévision (f) par satellite	โทรทัศน์ดาวเทียม	thoh-rá-thát daao thiam
climatiseur (m)	เครื่องปรับอากาศ	khrêuang bpràp-aa-gàat
serviette (f)	ผาเช็ดตัว	phâa chét dtua
clé (f)	กุญแจ	gun-jae
administrateur (m)	นักบุริหาร	nák bor-rí-hǎan
femme (f) de chambre	แมบาน	mâe bâan
porteur (m)	พนักงาน ขนกระเป๋า	phá-nák ngaan khǒn grà-bpǎo
portier (m)	พนักงาน เปิดประตู	phá-nák ngaan bpèrt bprà-dtoo
restaurant (m)	ร้านอาหาร	ráan aa-hǎan
bar (m)	บาร	baa
petit déjeuner (m)	อาหารเช้า	aa-hǎan cháo
dîner (m)	อาหารเย็น	aa-hǎan yen
buffet (m)	บุฟเฟต์	bùf-fây
hall (m)	ล็อบบี้	lórp-bêe
ascenseur (m)	ลิฟต	líf
PRIÈRE DE NE PAS DÉRANGER	ห้ามรบกวน	hâam róp guan
DÉFENSE DE FUMER	ห้ามสูบบุหรี่	hâam sòop bù rèe

132. Le livre. La lecture

livre (m)	หนังสือ	nǎng-sěu
auteur (m)	ผู้แตง	phôo dtàeng
écrivain (m)	นักเขียน	nák khǐan
écrire (~ un livre)	เขียน	khǐan
lecteur (m)	ผู้อาน	phôo àan
lire (vi, vt)	อาน	àan
lecture (f)	การอาน	gaan àan
à part soi	อย่างเงียบๆ	yàang ngîap ngîap
à haute voix	ออกเสียงดัง	òrk sǐang dang
éditer (vt)	ตีพิมพ	dtee phim
édition (f) (~ des livres)	การตีพิมพ์	gaan dtee phim

éditeur (m)	ผู้พิมพ์	phôo phim
maison (f) d'édition	สำนักพิมพ์	sǎm-nák phim
paraître (livre)	ออก	òrk
sortie (f) (~ d'un livre)	การออก	gaan òrk
tirage (m)	จำนวน	jam-nuan
librairie (f)	ร้านหนังสือ	ráan nǎng-sěu
bibliothèque (f)	ห้องสมุด	hôrng sà-mùt
nouvelle (f)	เรื่องราว	rêuang raao
récit (m)	เรื่องสั้น	rêuang sân
roman (m)	นิยาย	ní-yaai
roman (m) policier	นิยายสืบสวน	ní-yaai sèup sǔan
mémoires (m pl)	บันทึกความทรงจำ	ban-théuk khwaam song jam
légende (f)	ตำนาน	dtam naan
mythe (m)	นิทานปรัมปรา	ní-thaan bpram bpraa
vers (m pl)	บทกวี	bòt gà-wee
autobiographie (f)	อัตชีวประวัติ	àt-chee-wá-bprà-wàt
les œuvres choisies	งานที่ผ่าน	ngaan thêe phàan
	การคัดเลือก	gaan khát lêuak
science-fiction (f)	นิยายวิทยาศาสตร์	ní-yaai wít-thá-yaa sàat
titre (m)	ชื่อเรื่อง	chêu rêuang
introduction (f)	บทนำ	bòt nam
page (f) de titre	หน้าแรก	nâa râek
chapitre (m)	บท	bòt
extrait (m)	ข้อความที่	khôr khwaam thêe
	คัดออกมา	khát òk maa
épisode (m)	ตอน	dtorn
sujet (m)	เค้าเรื่อง	kháo rêuang
sommaire (m)	เนื้อหา	néua hǎa
table (f) des matières	สารบัญ	sǎa-rá-ban
protagoniste (m)	ตัวละครหลัก	dtua lá-khon làk
volume (m)	เล่ม	lêm
couverture (f)	ปก	bpòk
reliure (f)	สัน	sân
marque-page (m)	ที่คั่นหนังสือ	thêe khân nǎng-sěu
page (f)	หน้า	nâa
feuilleter (vt)	เปิดผ่านๆ	bpèrt phàan phàan
marges (f pl)	ระยะขอบ	rá-yá khòrp
annotation (f)	ความเห็นประกอบ	khwaam hěn bprà-gòp
note (f) de bas de page	เชิงอรรถ	cherng àt-tha
texte (m)	บท	bòt
police (f)	ตัวพิมพ์	dtua phim
faute (f) d'impression	ความพิมพ์ผิด	khwaam phim phìt
traduction (f)	คำแปล	kham bplae
traduire (vt)	แปล	bplae

original (m)	ต้นฉบับ	dtôn chà-bàp
célèbre (adj)	โด่งดัง	dòhng dang
inconnu (adj)	ไม่เป็นที่รู้จัก	mâi bpen thêe róo jàk
intéressant (adj)	น่าสนใจ	nâa sŏn jai
best-seller (m)	ขายดี	khǎai dee
dictionnaire (m)	พจนานุกรม	phót-jà-naa-nú-grom
manuel (m)	หนังสือเรียน	nǎng-sěu rian
encyclopédie (f)	สารานุกรม	sǎa-raa-nú-grom

133. La chasse. La pêche

chasse (f)	การล่าสัตว์	gaan lâa sàt
chasser (vi, vt)	ล่าสัตว์	lâa sàt
chasseur (m)	นักล่าสัตว์	nák lâa sàt
tirer (vi)	ยิง	ying
fusil (m)	ปืนไรเฟิล	bpeun rai-fern
cartouche (f)	กระสุนปืน	grà-sǔn bpeun
grains (m pl) de plomb	กระสุน	grà-sǔn
piège (m) à mâchoires	กับดักเหล็ก	gàp dàk lèk
piège (m)	กับดัก	gàp dàk
être pris dans un piège	ติดกับดัก	dtìt gàp dàk
mettre un piège	วางกับดัก	waang gàp dàk
braconnier (m)	ผู้ลักลอบล่าสัตว์	phôo lák lôrp lâa sàt
gibier (m)	สัตว์ที่ถูกล่า	sàt têe thòok lâa
chien (m) de chasse	หมาล่าเนื้อ	mǎa lâa néua
safari (m)	ซาฟารี	saa-faa-ree
animal (m) empaillé	สัตว์สตาฟ	sàt sà-dtàaf
pêcheur (m)	คนประมง	khon bprà-mong
pêche (f)	การจับปลา	gaan jàp bplaa
pêcher (vi)	จับปลา	jàp bplaa
canne (f) à pêche	คันเบ็ด	khan bèt
ligne (f) de pêche	สายเบ็ด	sǎai bèt
hameçon (m)	ตะขอ	dtà-khǒr
flotteur (m)	ทุน	thûn
amorce (f)	เหยื่อ	yèua
lancer la ligne	เหวี่ยงเบ็ด	wìang bèt
mordre (vt)	งับเหยื่อ	ngáp yèua
pêche (f) (poisson capturé)	ปลาจับ	bpla jàp
trou (m) dans la glace	ช่องน้ำแข็ง	chôrng nám khǎeng
filet (m)	แหจับปลา	hǎe jàp bplaa
barque (f)	เรือ	reua
pêcher au filet	จับปลาด้วยแห	jàp bplaa dûay hǎe
jeter un filet	เหวี่ยงแห	wìang hǎe
retirer le filet	ลากอวน	lâak uan
tomber dans le filet	ติดแห	dtìt hǎe
baleinier (m)	นักล่าปลาวาฬ	nák lâa bplaa waan

| baleinière (f) | เรือล่าปลาวาฬ | reua lâa bplaa waan |
| harpon (m) | ฉมวก | chà-mùak |

134. Les jeux. Le billard

billard (m)	บิลเลียด	bin-lîat
salle (f) de billard	ห้องบิลเลียด	hôrng bin-lîat
bille (f) de billard	ลูก	lôok

empocher une bille	แทงลูกลงหลุม	thaeng lôok long lŭm
queue (f)	ไม้คิว	máai khiw
poche (f)	หลุม	lŭm

135. Les jeux de cartes

carreau (m)	ข้าวหลามตัด	khâao lăam dtàt
pique (m)	โพดำ	phoh dam
cœur (m)	โพแดง	phoh daeng
trèfle (m)	ดอกจิก	dòrk jìk

as (m)	เอส	àyt
roi (m)	คิง	king
dame (f)	แหม่ม	màem
valet (m)	แจค	jáek

carte (f)	ไพ่	phâi
jeu (m) de cartes	ไพ่	phâi
atout (m)	ไต	dtăi
paquet (m) de cartes	สำรับไพ่	săm-ráp phâi

point (m)	แต้ม	dtâem
distribuer (les cartes)	แจกไพ่	jàek phâi
battre les cartes	สับไพ่	sàp phâi
tour (m) de jouer	ที	thee
tricheur (m)	คนโกงไพ่	khon gohng phâi

136. Les loisirs. Les jeux

se promener (vp)	เดินเล่น	dern lên
promenade (f)	การเดินเล่น	gaan dern lên
promenade (f) (en voiture)	การนั่งรถ	gaan nâng rót
aventure (f)	การผจญภัย	gaan phà-jon phai
pique-nique (m)	ปิคนิค	bpìk-ník

jeu (m)	เกม	gaym
joueur (m)	ผู้เล่น	phôo lên
partie (f) (~ de cartes, etc.)	เกม	gaym

| collectionneur (m) | นักสะสม | nák sà-sŏm |
| collectionner (vt) | สะสม | sà-sŏm |

collection (f)	การสะสม	gaan sà-sǒm
mots (m pl) croisés	ปริศนาอักษรไขว้	bprìt-sà-nǎa àk-sǒn khwâi
hippodrome (m)	ลู่แข่ง	lôo khàeng
discothèque (f)	ดิสโก้	dít-gôh

| sauna (m) | ซาวน่า | saao-nâa |
| loterie (f) | สลากกินแบ่ง | sà-làak gin bàeng |

trekking (m)	การเดินทางตั้งแคมป์	gaan dern thaang dtâng-khaem
camp (m)	แคมป์	khaem
tente (f)	เต็นท์	dtáyn
boussole (f)	เข็มทิศ	khěm thít
campeur (m)	ผู้เดินทางตั้งแคมป์	phôo dern thaang dtâng-khaem

regarder (la télé)	ดู	doo
téléspectateur (m)	ผู้ชมทีวี	phôo chom thee wee
émission (f) de télé	รายการทีวี	raai gaan thee wee

137. La photographie

| appareil (m) photo | กล้อง | glôrng |
| photo (f) | ภาพถ่าย | phâap thàai |

photographe (m)	ช่างถ่ายภาพ	châang thàai phâap
studio (m) de photo	ห้องถ่ายภาพ	hôrng thàai phâap
album (m) de photos	อัลบั้มภาพถ่าย	an-bâm phâap-thàai

objectif (m)	เลนส์กล้อง	len glôrng
téléobjectif (m)	เลนส์ถ่ายไกล	len thàai glai
filtre (m)	ฟิลเตอร์	fin-dtêr
lentille (f)	เลนส์	len

optique (f)	ออปติก	orp-dtìk
diaphragme (m)	รูรับแสง	roo ráp sǎeng
temps (m) de pose	เวลาในการถ่ายภาพ	way-laa nai gaan thàai phâap
viseur (m)	เครื่องจับภาพ	khrêuang jàp phâap

appareil (m) photo numérique	กล้องดิจิตอล	glôrng dì-jì-dton
trépied (m)	ขาตั้งกล้อง	khǎa dtâng glông
flash (m)	แฟลช	flâet

photographier (vt)	ถ่ายภาพ	thàai phâap
prendre en photo	ถ่ายภาพ	thàai phâap
se faire prendre en photo	ได้รับการถ่ายภาพให้	dâai ráp gaan thàai phâap hâi

mise (f) au point	โฟกัส	foh-gát
mettre au point	โฟกัส	foh-gát
net (adj)	คมชัด	khom chát
netteté (f)	ความคมชัด	khwaam khom chát
contraste (m)	ความเปรียบต่าง	khwaam bprìap dtàang
contrasté (adj)	เปรียบต่าง	bprìap dtàang

épreuve (f)	ภาพ	phâap
négatif (m)	ภาพเนกาทีฟ	phâap nay gaa thêef
pellicule (f)	ฟิล์ม	fim
image (f)	เฟรม	fraym
tirer (des photos)	พิมพ์	phim

138. La plage. La baignade

plage (f)	ชายหาด	chaai hàat
sable (m)	ทราย	saai
désert (plage ~e)	ราง	ráang
bronzage (m)	ผิวคล้ำแดด	phǐw khlám dàet
se bronzer (vp)	ตากแดด	dtàak dàet
bronzé (adj)	มีผิวคล้ำแดด	mee phǐw khlám dàet
crème (f) solaire	ครีมกันแดด	khreem gan dàet
bikini (m)	บิกินี่	bì-gì-nee
maillot (m) de bain	ชุดว่ายน้ำ	chút wâai náam
slip (m) de bain	กางเกงว่ายน้ำ	gaang-gayng wâai náam
piscine (f)	สระว่ายน้ำ	sà wâai náam
nager (vi)	ว่ายน้ำ	wâai náam
douche (f)	ฝักบัว	fàk bua
se changer (vp)	เปลี่ยนชุด	bplìan chút
serviette (f)	ผ้าเช็ดตัว	phâa chét dtua
barque (f)	เรือ	reua
canot (m) à moteur	เรือยนต์	reua yon
ski (m) nautique	สกีน้ำ	sà-gee nám
pédalo (m)	เรือถีบ	reua thèep
surf (m)	การโต้คลื่น	gaan dtôh khlêun
surfeur (m)	นักโต้คลื่น	nák dtôh khlêun
scaphandre (m) autonome	อุปกรณ์ดำน้ำ	u-bpà-gon dam náam
palmes (f pl)	ตีนกบ	dteen gòp
masque (m)	หน้ากากดำน้ำ	nâa gàak dam náam
plongeur (m)	นักประดาน้ำ	nák bprà-daa náam
plonger (vi)	ดำน้ำ	dam náam
sous l'eau (adv)	ใต้น้ำ	dtâi nám
parasol (m)	ร่มชายหาด	rôm chaai hàat
chaise (f) longue	เตียงอาบแดด	dtiang àap dàet
lunettes (f pl) de soleil	แว่นกันแดด	wâen gan dàet
matelas (m) pneumatique	ที่นอนเป่าลม	thêe non bpào lom
jouer (s'amuser)	เล่น	lên
se baigner (vp)	ไปว่ายน้ำ	bpai wâai náam
ballon (m) de plage	บอล	bon
gonfler (vt)	เติมลม	dterm lom
gonflable (adj)	แบบเติมลม	bàep dterm lom
vague (f)	คลื่น	khlêun

bouée (f)	ทุ่นลอย	thûn loi
se noyer (vp)	จมน้ำ	jom náam
sauver (vt)	ช่วยชีวิต	chûay chee-wít
gilet (m) de sauvetage	เสื้อชูชีพ	sêua choo chêep
observer (vt)	สังเกตการณ์	sǎng-gàyt gaan
maître nageur (m)	ไลฟ์การ์ด	lai-gàat

LE MATÉRIEL TECHNIQUE. LES TRANSPORTS

Le matériel technique

139. L'informatique

ordinateur (m)	คอมพิวเตอร์	khorm-phiw-dtêr
PC (m) portable	โน้ตบุค	nóht búk
allumer (vt)	เปิด	bpèrt
éteindre (vt)	ปิด	bpìt
clavier (m)	แป้นพิมพ์	bpâen phim
touche (f)	ปุ่ม	bpùm
souris (f)	เมาส์	mao
tapis (m) de souris	แผนรองเมาส์	phàen rorng mao
bouton (m)	ปุ่ม	bpùm
curseur (m)	เคอร์เซอร์	khêr-sêr
moniteur (m)	จอมอนิเตอร์	jor mor-ní-dtêr
écran (m)	หน้าจอ	nâa jor
disque (m) dur	ฮาร์ดดิสก์	hâat-dìt
capacité (f) du disque dur	ความจุฮาร์ดดิสก์	kwaam jù hâat-dìt
mémoire (f)	หน่วยความจำ	nùay khwaam jam
mémoire (f) vive	หน่วยความจำ เข้าถึงโดยสุ่ม	nùay khwaam jam khâo thĕung doi sùm
fichier (m)	ไฟล์	fai
dossier (m)	โฟลเดอร์	fohl-dêr
ouvrir (vt)	เปิด	bpèrt
fermer (vt)	ปิด	bpìt
sauvegarder (vt)	บันทึก	ban-théuk
supprimer (vt)	ลบ	lóp
copier (vt)	คัดลอก	khát lôrk
trier (vt)	จัดเรียง	jàt riang
copier (vt)	ทำสำเนา	tham săm-nao
programme (m)	โปรแกรม	bproh-graem
logiciel (m)	ซอฟต์แวร์	sôf-wae
programmeur (m)	นักเขียนโปรแกรม	nák khĭan bproh-graem
programmer (vt)	เขียนโปรแกรม	khĭan bproh-graem
hacker (m)	แฮ็กเกอร์	háek-gêr
mot (m) de passe	รหัสผ่าน	rá-hàt phàan
virus (m)	ไวรัส	wai-rát
découvrir (détecter)	ตรวจพบ	dtrùat phóp

| bit (m) | ไบท์ | bai |
| mégabit (m) | เมกะไบท์ | may-gà-bai |

| données (f pl) | ข้อมูล | khôr moon |
| base (f) de données | ฐานข้อมูล | thăan khôr moon |

câble (m)	สายเคเบิล	săai khay-bêrn
déconnecter (vt)	ตัดการเชื่อมต่อ	dtàt gaan chêuam dtòr
connecter (vt)	เชื่อมต่อ	chêuam dtòr

140. L'Internet. Le courrier électronique

Internet (m)	อินเทอร์เน็ต	in-thêr-nét
navigateur (m)	เบราว์เซอร์	brao-sêr
moteur (m) de recherche	โปรแกรมค้นหา	bproh-graem khón hăa
fournisseur (m) d'accès	ผู้ให้บริการ	phôo hâi bor-rí-gaan

administrateur (m) de site	เว็บมาสเตอร์	wép-mâat-dtêr
site (m) web	เว็บไซต์	wép sai
page (f) web	เว็บเพจ	wép phâyt

| adresse (f) | ที่อยู่ | thêe yòo |
| carnet (m) d'adresses | สมุดที่อยู่ | sà-mùt thêe yòo |

boîte (f) de réception	กล่องจดหมายอีเมลล์	glòrng jòt măai ee-mayn
courrier (m)	จดหมาย	jòt măai
pleine (adj)	เต็ม	dtem

message (m)	ข้อความ	khôr khwaam
messages (pl) entrants	ข้อความขาเข้า	khôr khwaam khăa khâo
messages (pl) sortants	ข้อความขาออก	khôr khwaam khăa òrk

expéditeur (m)	ผู้ส่ง	phôo sòng
envoyer (vt)	ส่ง	sòng
envoi (m)	การส่ง	gaan sòng

| destinataire (m) | ผู้รับ | phôo ráp |
| recevoir (vt) | รับ | ráp |

| correspondance (f) | การติดต่อกัน ทางจดหมาย | gaan dtìt dtòr gan thaang jòt măai |
| être en correspondance | ติดต่อกันทางจดหมาย | dtìt dtòr gan thaang jòt măai |

fichier (m)	ไฟล์	fai
télécharger (vt)	ดาวน์โหลด	daao lòht
créer (vt)	สร้าง	sâang
supprimer (vt)	ลบ	lóp
supprimé (adj)	ถูกลบ	thòok lóp

connexion (f) (ADSL, etc.)	การเชื่อมต่อ	gaan chêuam dtòr
vitesse (f)	ความเร็ว	khwaam reo
modem (m)	โมเด็ม	moh-dem
accès (m)	การเข้าถึง	gaan khâo thĕung
port (m)	พอร์ท	phôt

connexion (f) (établir la ~)   การเชื่อมต่อ   gaan chêuam dtòr
se connecter à ...   เชื่อมต่อกับ...   chêuam dtòr gàp...

sélectionner (vt)   เลือก   lêuak
rechercher (vt)   ค้นหา   khón hăa

Les transports

141. L'avion

avion (m)	เครื่องบิน	khrêuang bin
billet (m) d'avion	ตั๋วเครื่องบิน	dtŭa khrêuang bin
compagnie (f) aérienne	สายการบิน	săai gaan bin
aéroport (m)	สนามบิน	sà-năam bin
supersonique (adj)	ความเร็วเหนือเสียง	khwaam reo nĕua-sĭang
commandant (m) de bord	กัปตัน	gàp dtan
équipage (m)	ลูกเรือ	lôok reua
pilote (m)	นักบิน	nák bin
hôtesse (f) de l'air	พนักงานต้อนรับ บนเครื่องบิน	phá-nák ngaan dtôrn ráp bon khrêuang bin
navigateur (m)	ต้นหน	dtôn hŏn
ailes (f pl)	ปีก	bpèek
queue (f)	หาง	hăang
cabine (f)	ห้องนักบิน	hôrng nák bin
moteur (m)	เครื่องยนต์	khrêuang yon
train (m) d'atterrissage	โครงส่วนล่าง ของเครื่องบิน	khrorng sùan lâang khŏrng khrêuang bin
turbine (f)	กังหัน	gang-hăn
hélice (f)	ใบพัด	bai phát
boîte (f) noire	กล่องดำ	glòrng dam
gouvernail (m)	คันบังคับ	khan bang-kháp
carburant (m)	เชื้อเพลิง	chéua phlerng
consigne (f) de sécurité	คู่มือความปลอดภัย	khôo meu khwaam bplòt phai
masque (m) à oxygène	หน้ากากอ็อกซิเจน	nâa gàak ók sí jayn
uniforme (m)	เครื่องแบบ	khrêuang bàep
gilet (m) de sauvetage	เสื้อชูชีพ	sêua choo chêep
parachute (m)	รมชูชีพ	rôm choo chêep
décollage (m)	การบินขึ้น	gaan bin khêun
décoller (vi)	บินขึ้น	bin khêun
piste (f) de décollage	ทางวิ่งเครื่องบิน	thaang wîng khrêuang bin
visibilité (f)	ทัศนวิสัย	thát sá ná wí-săi
vol (m) (~ d'oiseau)	การบิน	gaan bin
altitude (f)	ความสูง	khwaam sŏong
trou (m) d'air	หลุมอากาศ	lŭm aa-gàat
place (f)	ที่นั่ง	thêe nâng
écouteurs (m pl)	หูฟัง	hŏo fang
tablette (f)	ถาดพับเก็บได้	thàat pháp gèp dâai
hublot (m)	หน้าต่างเครื่องบิน	nâa dtàang khrêuang bin
couloir (m)	ทางเดิน	thaang dern

142. Le train

train (m)	รถไฟ	rót fai
train (m) de banlieue	รถไฟชานเมือง	rót fai chaan meuang
TGV (m)	รถไฟด่วน	rót fai dùan
locomotive (f) diesel	รถจักรดีเซล	rót jàk dee-sayn
locomotive (f) à vapeur	รถจักรไอน้ำ	rót jàk ai náam
wagon (m)	ตู้โดยสาร	dtôo doi săan
wagon-restaurant (m)	ตู้เสบียง	dtôo sà-biang
rails (m pl)	รางรถไฟ	raang rót fai
chemin (m) de fer	ทางรถไฟ	thaang rót fai
traverse (f)	หมอนรองราง	mŏrn rorng raang
quai (m)	ชานชลา	chaan-chá-laa
voie (f)	ราง	raang
sémaphore (m)	ไฟสัญญาณรถไฟ	fai săn-yaan rót fai
station (f)	สถานี	sà-thăa-nee
conducteur (m) de train	คนขับรถไฟ	khon khàp rót fai
porteur (m)	พนักงานยกกระเป๋า	phá-nák ngaan yók grà-bpăo
steward (m)	พนักงานรถไฟ	phá-nák ngaan rót fai
passager (m)	ผู้โดยสาร	phôo doi săan
contrôleur (m) de billets	พนักงานตรวจตั๋ว	phá-nák ngaan dtrùat dtŭa
couloir (m)	ทางเดิน	thaang dern
frein (m) d'urgence	เบรคฉุกเฉิน	bràyk chùk-chĕrn
compartiment (m)	ตู้นอน	dtôo norn
couchette (f)	เตียง	dtiang
couchette (f) d'en haut	เตียงบน	dtiang bon
couchette (f) d'en bas	เตียงล่าง	dtiang lâang
linge (m) de lit	ชุดเครื่องนอน	chút khrêuang norn
ticket (m)	ตั๋ว	dtŭa
horaire (m)	ตารางเวลา	dtaa-raang way-laa
tableau (m) d'informations	กระดานแสดง	grà daan sà-daeng
	ข้อมูล	khôr moon
partir (vi)	ออกเดินทาง	òrk dern thaang
départ (m) (du train)	การออกเดินทาง	gaan òrk dern thaang
arriver (le train)	มาถึง	maa thĕung
arrivée (f)	การมาถึง	gaan maa thĕung
arriver en train	มาถึงโดยรถไฟ	maa thĕung doi rót fai
prendre le train	ขึ้นรถไฟ	khêun rót fai
descendre du train	ลงจากรถไฟ	long jàak rót fai
accident (m) ferroviaire	รถไฟตกราง	rót fai dtòk raang
dérailler (vi)	ตกราง	dtòk raang
locomotive (f) à vapeur	หัวรถจักรไอน้ำ	hŭa rót jàk ai náam
chauffeur (m)	คนควบคุมเตาไฟ	khon khûap khum dtao fai
chauffe (f)	เตาไฟ	dtao fai
charbon (m)	ถ่านหิน	thàan hĭn

143. Le bateau

bateau (m)	เรือ	reua
navire (m)	เรือ	reua
bateau (m) à vapeur	เรือจักรไอน้ำ	reua jàk ai náam
paquebot (m)	เรือลองแมน้ำ	reua lông mâe náam
bateau (m) de croisière	เรือเดินสมุทร	reua dern sà-mùt
croiseur (m)	เรือลาดตระเวน	reua lâat dtrà-wayn
yacht (m)	เรือยอชต์	reua yôt
remorqueur (m)	เรือลากจูง	reua lâak joong
péniche (f)	เรือบรรทุก	reua ban-thúk
ferry (m)	เรือขามฟาก	reua khâam fâak
voilier (m)	เรือใบ	reua bai
brigantin (m)	เรือใบสองเสากระโดง	reua bai sŏrng săo grà-dohng
brise-glace (m)	เรือตัดน้ำแข็ง	reua dtàt náam khăeng
sous-marin (m)	เรือดำน้ำ	reua dam náam
canot (m) à rames	เรือพาย	reua phaai
dinghy (m)	เรือบดเล็ก	reua bòt lék
canot (m) de sauvetage	เรือชูชีพ	reua choo chêep
canot (m) à moteur	เรือยนต์	reua yon
capitaine (m)	กัปตัน	gàp dtan
matelot (m)	นาวิน	naa-win
marin (m)	คนเรือ	khon reua
équipage (m)	กะลาสี	gà-laa-sěe
maître (m) d'équipage	สรั่ง	sà-ràng
mousse (m)	ดูนช่วยงานในเรือ	khon chûay ngaan nai reua
cuisinier (m) du bord	กุก	gúk
médecin (m) de bord	แพทย์เรือ	phâet reua
pont (m)	ดาดฟ้าเรือ	dàat-fáa reua
mât (m)	เสากระโดงเรือ	săo grà-dohng reua
voile (f)	ใบเรือ	bai reua
cale (f)	ท้องเรือ	thórng-reua
proue (f)	หัวเรือ	hŭa-reua
poupe (f)	ทวยเรือ	tháai reua
rame (f)	ไมพาย	máai phaai
hélice (f)	ใบจักร	bai jàk
cabine (f)	ห้องพัก	hôrng phák
carré (m) des officiers	ห้องอาหาร	hôrng aa-hăan
salle (f) des machines	หองเครื่องยนต์	hôrng khrêuang yon
passerelle (f)	สะพานเดินเรือ	sà-phaan dern reua
cabine (f) de T.S.F.	หองวิทยุ	hôrng wít-thá-yú
onde (f)	คลื่นความถี่	khlêun khwaam thèe
journal (m) de bord	สมุดบันทึก	sà-mùt ban-théuk
longue-vue (f)	กลองสองทางไกล	glôrng sòrng thaang glai
cloche (f)	ระฆัง	rá-khang

pavillon (m)	ธง	thorng
grosse corde (f) tressée	เชือก	chêuak
nœud (m) marin	ปม	bpom
rampe (f)	ราว	raao
passerelle (f)	ไม้พาดให้	mái phâat hâi
	ขึ้นลงเรือ	khêun long reua
ancre (f)	สมอ	sà-mǒr
lever l'ancre	ถอนสมอ	thǒrn sà-mǒr
jeter l'ancre	ทอดสมอ	thôrt sà-mǒr
chaîne (f) d'ancrage	โซ่สมอเรือ	sôh sà-mǒr reua
port (m)	ท่าเรือ	thâa reua
embarcadère (m)	ทา	thâa
accoster (vi)	จอดเทียบท่า	jòt thîap tâa
larguer les amarres	ออกจากท่า	òrk jàak tâa
voyage (m) (à l'étranger)	การเดินทาง	gaan dern thaang
croisière (f)	การล่องเรือ	gaan lôrng reua
cap (m) (suivre un ~)	เส้นทาง	sên thaang
itinéraire (m)	เส้นทาง	sên thaang
chenal (m)	ร่องเรือเดิน	rông reua dern
bas-fond (m)	โขด	khòht
échouer sur un bas-fond	เกยตื้น	goie dtêun
tempête (f)	พายุ	phaa-yú
signal (m)	สัญญาณ	sǎn-yaan
sombrer (vi)	ลม	lôm
Un homme à la mer!	คนตกเรือ!	kon dtòk reua
SOS (m)	SOS	es-o-es
bouée (f) de sauvetage	ห่วงยาง	hùang yaang

144. L'aéroport

aéroport (m)	สนามบิน	sà-nǎam bin
avion (m)	เครื่องบิน	khrêuang bin
compagnie (f) aérienne	สายการบิน	sǎai gaan bin
contrôleur (m) aérien	เจ้าหน้าที่ควบคุม	jâo nâa-thêe khûap khum
	จราจรทางอากาศ	jà-raa-jon thaang aa-gàat
départ (m)	การออกเดินทาง	gaan òrk dern thaang
arrivée (f)	การมาถึง	gaan maa thěung
arriver (par avion)	มาถึง	maa thěung
temps (m) de départ	เวลาขาไป	way-laa khǎa bpai
temps (m) d'arrivée	เวลามาถึง	way-laa maa thěung
être retardé	ถูกเลื่อน	thòok lêuan
retard (m) de l'avion	เลื่อนเที่ยวบิน	lêuan thieow bin
tableau (m) d'informations	กระดานแสดง	grà daan sà-daeng
	ข้อมูล	khôr moon
information (f)	ข้อมูล	khôr moon

| annoncer (vt) | ประกาศ | bprà-gàat |
| vol (m) | เที่ยวบิน | thîeow bin |

| douane (f) | ศุลกากร | sŭn-lá-gaa-gon |
| douanier (m) | เจ้าหน้าที่ศุลกากร | jâo nâa-thêe sŭn-lá-gaa-gon |

déclaration (f) de douane	แบบฟอร์มการเสีย	bàep form gaan sĭa
	ภาษีศุลกากร	phaa-sĕe sŭn-lá-gaa-gon
remplir (vt)	กรอก	gròrk
remplir la déclaration	กรอกแบบฟอร์ม	gròrk bàep form
	การเสียภาษี	gaan sĭa paa-sĕe
contrôle (m) de passeport	จุดตรวจหนังสือ	jùt dtrùat năng-sĕu
	เดินทาง	dern-thaang

bagage (m)	สัมภาระ	săm-phaa-rá
bagage (m) à main	กระเป๋าถือ	grà-bpăo thĕu
chariot (m)	รถขนสัมภาระ	rót khŏn săm-phaa-rá

atterrissage (m)	การลงจอด	gaan long jòrt
piste (f) d'atterrissage	ลานบินลงจอด	laan bin long jòrt
atterrir (vi)	ลงจอด	long jòrt
escalier (m) d'avion	ทางขึ้นลง	thaang khêun long
	เครื่องบิน	khrêuang bin

enregistrement (m)	การเช็คอิน	gaan chék in
comptoir (m) d'enregistrement	เคาน์เตอร์เช็คอิน	khao-dtêr chék in
s'enregistrer (vp)	เช็คอิน	chék in
carte (f) d'embarquement	บัตรที่นั่ง	bàt thêe nâng
porte (f) d'embarquement	ซองเขา	chôrng khâo

transit (m)	การต่อเที่ยวบิน	gaan tòr thîeow bin
attendre (vt)	รอ	ror
salle (f) d'attente	ห้องผู้โดยสารขาออก	hôrng phôo doi săan khăa òk
raccompagner	ไปส่ง	bpai sòng
(à l'aéroport, etc.)		
dire au revoir	บอกลา	bòrk laa

145. Le vélo. La moto

vélo (m)	รถจักรยาน	rót jàk-grà-yaan
scooter (m)	สกู๊ตเตอร์	sà-góot-dtêr
moto (f)	รถมอเตอร์ไซค์	rót mor-dtêr-sai

faire du vélo	ขี่จักรยาน	khèe jàk-grà-yaan
guidon (m)	พวงมาลัยรถ	phuang maa-lai rót
pédale (f)	แป้นเหยียบ	bpâen yìap
freins (m pl)	เบรก	bràyk
selle (f)	ที่นั่งจักรยาน	thêe nâng jàk-grà-yaan

pompe (f)	ปั๊ม	bpám
porte-bagages (m)	ที่วางสัมภาระ	thêe waang săm-phaa-rá
phare (m)	ไฟหน้า	fai nâa
casque (m)	หมวกนิรภัย	mùak ní-rá-phai
roue (f)	ลอ	lór

garde-boue (m)	บังโคลน	bang khlon
jante (f)	ขอบล้อ	khòp lór
rayon (m)	กำนล้อ	gâan lór

La voiture

146. Les différents types de voiture

automobile (f)	รถยนต์	rót yon
voiture (f) de sport	รถสปอร์ต	rót sà-bpòt
limousine (f)	รถลีมูซีน	rót lee moo seen
tout-terrain (m)	รถเอสยูวี	rót àyt yoo wee
cabriolet (m)	รถยนต์เปิดประทุน	rót yon bpèrt bprà-thun
minibus (m)	รถบัสเล็ก	rót bàt lék
ambulance (f)	รถพยาบาล	rót phá-yaa-baan
chasse-neige (m)	รถไถหิมะ	rót thǎi hì-má
camion (m)	รถบรรทุก	rót ban-thúk
camion-citerne (m)	รถบรรทุกน้ำมัน	rót ban-thúk nám man
fourgon (m)	รถตู้	rót dtôo
tracteur (m) routier	รถลาก	rót lâak
remorque (f)	รถพ่วง	rót phûang
confortable (adj)	สะดวก	sà-dùak
d'occasion (adj)	มือสอง	meu sǒrng

147. La voiture. La carrosserie

capot (m)	กระโปรงรถ	grà bprohng rót
aile (f)	บังโคลน	bang khlon
toit (m)	หลังคา	lǎng khaa
pare-brise (m)	กระจกหน้ารถ	grà-jòk nâa rót
rétroviseur (m)	กระจกมองหลัง	grà-jòk morng lǎng
lave-glace (m)	ที่ฉีดน้ำลวงกระจกหน้ารถ	thêe chèet nám láang grà-jòk nâa rót
essuie-glace (m)	ที่ปัดล้างกระจกหน้ารถ	thêe bpàt láang grà-jòk nâa rót
fenêtre (f) latéral	กระจกข้าง	grà-jòk khâang
lève-glace (m)	กระจกไฟฟ้า	grà-jòk fai-fáa
antenne (f)	เสาอากาศ	sǎo aa-gàat
toit (m) ouvrant	หลังคารับแดด	lǎng khaa ráp dàet
pare-chocs (m)	กันชน	gan chon
coffre (m)	ท้ายรถ	tháai rót
galerie (f) de toit	ชั้นวางสัมภาระ	chán waang sǎm-phaa-rá
portière (f)	ประตู	bprà-dtoo
poignée (f)	ที่เปิดประตู	thêe bpèrt bprà-dtoo
serrure (f)	ล็อคประตูรถ	lók bprà-dtoo rót

137

plaque (f) d'immatriculation	ป้ายทะเบียน	bpâai thá-bian
silencieux (m)	ท่อไอเสีย	thôr ai sĭa
réservoir (m) d'essence	ถังน้ำมัน	thăng náam man
pot (m) d'échappement	ท่อไอเสีย	thôr ai sĭa
accélérateur (m)	เร่ง	râyng
pédale (f)	แป้นเหยียบ	bpâen yìap
pédale (f) d'accélérateur	คันเร่ง	khan râyng
frein (m)	เบรก	bràyk
pédale (f) de frein	แป้นเบรค	bpâen bràyk
freiner (vi)	เบรก	bràyk
frein (m) à main	เบรกมือ	bràyk meu
embrayage (m)	คลัตช์	khlát
pédale (f) d'embrayage	แป้นคลัตช์	bpâen khlát
disque (m) d'embrayage	จานคลัตช์	jaan khlát
amortisseur (m)	โช้คอัพ	chóhk-àp
roue (f)	ล้อ	lór
roue (f) de rechange	ลอสำรอง	lór săm-rorng
pneu (m)	ยางรถ	yaang rót
enjoliveur (m)	ลอแม็ก	lór-máek
roues (f pl) motrices	ล้อพวงมาลัย	lór phuang maa-lai
à traction avant	ขับเคลื่อนลอหน้า	khàp khlêuan lór nâa
à traction arrière	ขับเคลื่อนลอหลัง	khàp khlêuan lór lăng
à traction intégrale	ขับเคลื่อนสี่ลอ	khàp khlêuan sèe lór
boîte (f) de vitesses	กระปุกเกียร์	grà-bpùk gia
automatique (adj)	อัตโนมัติ	àt-noh-mát
mécanique (adj)	กลไก	gon-gai
levier (m) de vitesse	คันเกียร์	khan gia
phare (m)	ไฟหน้า	fai nâa
feux (m pl)	ไฟหน้า	fai nâa
feux (m pl) de croisement	ไฟต่ำ	fai dtàm
feux (m pl) de route	ไฟสูง	fai sŏong
feux (m pl) stop	ไฟเบรก	fai bràyk
feux (m pl) de position	ไฟจอดรถ	fai jòt rót
feux (m pl) de détresse	ไฟฉุกเฉิน	fai chùk-chĕrn
feux (m pl) de brouillard	ไฟตัดหมอก	fai dtàt mòk
clignotant (m)	ไฟเลี้ยว	fai líeow
feux (m pl) de recul	ไฟรถถอย	fai rót thŏi

148. La voiture. L'habitacle

habitacle (m)	ภายในรถ	phaai nai rót
en cuir (adj)	หนัง	năng
en velours (adj)	กำมะหยี่	gam-má-yèe
revêtement (m)	เครื่องเบาะ	khrêuang bòr
instrument (m)	อุปกรณ์	ù-bpà-gon

tableau (m) de bord	แผงหน้าปัด	phǎeng nâa bpàt
indicateur (m) de vitesse	มาตรวัดความเร็ว	mâat wát khwaam reo
aiguille (f)	เข็มชี้วัด	khěm chée wát

compteur (m) de kilomètres	มิเตอร์วัดระยะทาง	mí-dtêr wát rá-yá thaang
indicateur (m)	มิเตอร์วัด	mí-dtêr wát
niveau (m)	ระดับ	rá-dàp
témoin (m)	ไฟเตือน	fai dteuan

volant (m)	พวงมาลัยรถ	phuang maa-lai rót
klaxon (m)	แตร	dtrae
bouton (m)	ปุ่ม	bpùm
interrupteur (m)	สวิตช์	sà-wít

siège (m)	ที่นั่ง	thêe nâng
dossier (m)	พนักพิง	phá-nák phing
appui-tête (m)	ที่พิงศีรษะ	thêe phing sěe-sà
ceinture (f) de sécurité	เข็มขัดนิรภัย	khěm khàt ní-rá-phai
mettre la ceinture	คาดเข็มขัดนิรภัย	khâat khěm khàt ní-rá-phai
réglage (m)	การปรับ	gaan bpràp

| airbag (m) | ถุงลมนิรภัย | thǔng lom ní-rá-phai |
| climatiseur (m) | เครื่องปรับอากาศ | khrêuang bpràp-aa-gàat |

radio (f)	วิทยุ	wít-thá-yú
lecteur (m) de CD	เครื่องเล่น CD	khrêuang lên see-dee
allumer (vt)	เปิด	bpèrt
antenne (f)	เสาอากาศ	sǎo aa-gàat
boîte (f) à gants	ซองเก็บของ ขางคนขับ	chôrng gèp khǒrng khâang khon khàp
cendrier (m)	ที่เขี่ยบุหรี่	thêe khìa bù rèe

149. La voiture. Le moteur

moteur (m)	เครื่องยนต์	khrêuang yon
moteur (m)	มอเตอร์	mor-dtêr
diesel (adj)	ดีเซล	dee-sayn
à essence (adj)	น้ำมันเบนซิน	nám man bayn-sin

capacité (f) du moteur	ขนาดเครื่องยนต์	khà-nàat khrêuang yon
puissance (f)	กำลัง	gam-lang
cheval-vapeur (m)	แรงม้า	raeng máa
piston (m)	ก้านลูกสูบ	gâan lôok sòop
cylindre (m)	กระบอกสูบ	grà-bòrk sòop
soupape (f)	วาลว	waao

injecteur (m)	หัวฉีด	hǔa chèet
générateur (m)	เครื่องกำเนิดไฟฟ้า	khrêuang gam-nèrt fai fáa
carburateur (m)	คาร์บูเรเตอร์	khaa-boo-ray-dtêr
huile (f) moteur	น้ำมันเครื่อง	nám man khrêuang

radiateur (m)	หม้อน้ำ	môr náam
liquide (m) de refroidissement	สารทำความเย็น	sǎan tham khwaam yen
ventilateur (m)	พัดลมระบายความร้อน	phát lom rá-baai khwaam rón

batterie (f)	แบตเตอรี่	bàet-dter-rêe
starter (m)	มอเตอรสตาร์ต	mor-dtêr sà-dtàat
allumage (m)	การจุดระเบิด	gaan jùt rá-bèrt
bougie (f) d'allumage	หัวเทียน	hŭa thian

borne (f)	ขั้วแบตเตอรี่	khûa bàet-dter-rêe
borne (f) positive	ขั้วบวก	khûa bùak
borne (f) négative	ขั้วลบ	khûa lóp
fusible (m)	ฟิวส์	fiw

filtre (m) à air	เครื่องกรองอากาศ	khrêuang grorng aa-gàat
filtre (m) à huile	ไส้กรองน้ำมัน	sâi grorng nám man
filtre (m) à essence	ไส้กรองน้ำมัน เชื้อเพลิง	sâi grorng nám man chéua phlerng

150. La voiture. La réparation

accident (m) de voiture	อุบัติเหตุรถชน	u-bàt hàyt rót chon
accident (m) de route	อุบัติเหตุจราจร	u-bàt hàyt jà-raa-jon
percuter contre …	ชน	chon
s'écraser (vp)	ชนโครม	chon khrohm
dégât (m)	ความเสียหาย	khwaam sĭa hăai
intact (adj)	ไม่มีความเสียหาย	mâi mee khwaam sĭa hăai

panne (f)	การเสีย	gaan sĭa
tomber en panne	ตาย	dtaai
corde (f) de remorquage	เชือกลากรถยนต์	chêuak lâak rót yon

crevaison (f)	ยางรั่ว	yaang rûa
crever (vi) (pneu)	ทำให้ยางแบน	tham hâi yaang baen
gonfler (vt)	เติมลมยาง	dterm lom yaang
pression (f)	แรงดัน	raeng dan
vérifier (vt)	ตรวจสอบ	dtrùat sòrp

réparation (f)	การซ่อม	gaan sôrm
garage (m) (atelier)	รานซอมรถยนต์	ráan sôrm rót yon
pièce (f) détachée	อะไหล่	a lài
pièce (f)	ชิ้นส่วน	chín sùan

boulon (m)	สลักเกลียว	sà-làk glieow
vis (f)	สกรู	sà-groo
écrou (m)	แหวนสกรู	wăen sà-groo
rondelle (f)	แหวนเล็ก	wăen lék
palier (m)	แบริง	bae-ring

tuyau (m)	ท่อ	thôr
joint (m)	ปะเก็น	bpà gen
fil (m)	สายไฟ	săai fai

cric (m)	แม่แรง	mâe raeng
clé (f) de serrage	ปะแจ	bprà-jae
marteau (m)	ค้อน	khórn
pompe (f)	ปั๊ม	bpám
tournevis (m)	ไขควง	khăi khuang

| extincteur (m) | ถังดับเพลิง | thăng dàp phlerng |
| triangle (m) de signalisation | ป้ายเตือน | bpâai dteuan |

caler (vi)	มีเครื่องดับ	mee khrêuang dàp
calage (m)	การดับ	gaan dàp
être en panne	เสีย	sĭa

surchauffer (vi)	ร้อนเกิน	rórn gern
se boucher (vp)	อุดตัน	ùt dtan
geler (vi)	เยือกแข็ง	yêuak khăeng
éclater (tuyau, etc.)	แตก	dtàek

pression (f)	แรงดัน	raeng dan
niveau (m)	ระดับ	rá-dàp
lâche (courroie ~)	อ่อน	òrn

fosse (f)	รอยบุบ	roi bùp
bruit (m) anormal	เสียงเครื่องยนต์ดับ	sĭang khrêuang yon dàp
fissure (f)	รอยแตก	roi dtàek
égratignure (f)	รอยขูด	roi khòot

151. La voiture. La route

route (f)	ถนน	thà-nŏn
grande route (autoroute)	ทางหลวง	thaang lŭang
autoroute (f)	ทางด่วน	thaang dùan
direction (f)	ทิศทาง	thít thaang
distance (f)	ระยะทาง	rá-yá thaang

pont (m)	สะพาน	sà-phaan
parking (m)	ลานจอดรถ	laan jòrt rót
place (f)	จัตุรัส	jàt-dtù-ràt
échangeur (m)	ทางแยกต่างระดับ	thaang yâek dtàang rá-dàp
tunnel (m)	อุโมงค์	u-mohng

station-service (f)	ปั๊มน้ำมัน	bpám náam man
parking (m)	ลานจอดรถ	laan jòrt rót
poste (m) d'essence	ที่เติมน้ำมัน	thêe dterm náam man
garage (m) (atelier)	รานซ่อมรถยนต์	ráan sôm rót yon
se ravitailler (vp)	เติมน้ำมัน	dterm náam man
carburant (m)	น้ำมันเชื้อเพลิง	nám man chéua phlerng
jerrycan (m)	ถังน้ำมัน	thăng náam man

asphalte (m)	ถนนลาดยาง	thà-nŏn lâat yaang
marquage (m)	เครื่องหมายจราจร	khrêuang măai jà-raa-jon
	บนพื้นทาง	bon phéun thaang
bordure (f)	ขอบถนน	khòrp thà-nŏn
barrière (f) de sécurité	รั้วกัน	rúa gân
fossé (m)	คู	khoo
bas-côté (m)	ข้างถนน	khâang thà-nŏn
réverbère (m)	เสาไฟ	săo fai

| conduire (une voiture) | ขับ | khàp |
| tourner (~ à gauche) | เลี้ยว | líeow |

faire un demi-tour	กลับรถ	glàp rót
marche (f) arrière	ถอยรถ	thŏri rót
klaxonner (vi)	บีบแตร	bèep dtrae
coup (m) de klaxon	เสียงบีบแตร	sĭang bèep dtrae
s'embourber (vp)	ติด	dtìt
déraper (vi)	หมุนล้อ	mŭn lór
couper (le moteur)	ปิด	bpìt
vitesse (f)	ความเร็ว	khwaam reo
dépasser la vitesse	ขับเร็วเกิน	khàp reo gern
mettre une amende	ให้ใบสั่ง	hâi bai sàng
feux (m pl) de circulation	ไฟสัญญาณจราจร	fai săn-yaan jà-raa-jon
permis (m) de conduire	ใบขับขี่	bai khàp khèe
passage (m) à niveau	ทางข้ามรถไฟ	thaang khâam rót fai
carrefour (m)	สี่แยก	sèe yâek
passage (m) piéton	ทางม้าลาย	thaang máa laai
virage (m)	ทางโค้ง	thaang khóhng
zone (f) piétonne	ถนนคนเดิน	thà-nŏn khon dern

LES GENS. LES ÉVÉNEMENTS

Les grands événements de la vie

152. Les fêtes et les événements

fête (f)	วันหยุดเฉลิมฉลอง	wan yùt chà-lĕrm chà-lŏng
fête (f) nationale	วันชาติ	wan châat
jour (m) férié	วันหยุดนักขัตฤกษ์	wan yùt nák-kàt-rêrk
fêter (vt)	เฉลิมฉลอง	chà-lĕrm chà-lŏrng
événement (m) (~ du jour)	เหตุการณ์	hàyt gaan
événement (m) (soirée, etc.)	งานอีเว้นต์	ngaan ee wayn
banquet (m)	งานเลี้ยง	ngaan líang
réception (f)	งานเลี้ยง	ngaan líang
festin (m)	งานฉลอง	ngaan chà-lŏrng
anniversaire (m)	วันครบรอบ	wan khróp rôrp
jubilé (m)	วันครบรอบปี	wan khróp rôrp bpee
célébrer (vt)	ฉลอง	chà-lŏrng
Nouvel An (m)	ปีใหม่	bpee mài
Bonne année!	สวัสดีปีใหม่!	sà-wàt-dee bpee mài
Père Noël (m)	ซานตาคลอส	saan-dtaa-khlôrt
Noël (m)	คริสต์มาส	khrít-mâat
Joyeux Noël!	สุขสันต์วันคริสต์มาส	sùk-săn wan khrít-mâat
arbre (m) de Noël	ตนคริสต์มาส	dtôn khrít-mâat
feux (m pl) d'artifice	ดอกไม้ไฟ	dòrk máai fai
mariage (m)	งานแต่งงาน	ngaan dtàeng ngaan
fiancé (m)	เจ้าบ่าว	jâo bàao
fiancée (f)	เจ้าสาว	jâo săao
inviter (vt)	เชิญ	chern
lettre (f) d'invitation	บัตรเชิญ	bàt chern
invité (m)	แขก	khàek
visiter (~ les amis)	ไปเยี่ยม	bpai yîam
accueillir les invités	ตอนรับแขก	dton ráp khàek
cadeau (m)	ของขวัญ	khŏrng khwăn
offrir (un cadeau)	ให้	hâi
recevoir des cadeaux	รับของขวัญ	ráp khŏrng khwăn
bouquet (m)	ช่อดอกไม้	chôr dòrk máai
félicitations (f pl)	คำแสดง ความยินดี	kham sà-daeng khwaam yin-dee
féliciter (vt)	แสดงความยินดี	sà-daeng khwaam yin dee

carte (f) de veux	บัตรอวยพร	bàt uay phon
envoyer une carte	ส่งโปสการ์ด	sòng bpòht-gàat
recevoir une carte	รับโปสการ์ด	ráp bpòht-gàat
toast (m)	ดื่มอวยพร	dèum uay phon
offrir (un verre, etc.)	เลี้ยงเครื่องดื่ม	líang khrêuang dèum
champagne (m)	แชมเปญ	chaem-bpayn
s'amuser (vp)	มีความสุข	mee khwaam sùk
gaieté (f)	ความรื่นเริง	khwaam rêun-rerng
joie (f) (émotion)	ความสุขสันต์	khwaam sùk-sǎn
danse (f)	การเต้น	gaan dtên
danser (vi, vt)	เต้น	dtên
valse (f)	วอลทซ์	wɔːlts
tango (m)	แทงโก้	thaeng-gôh

153. L'enterrement. Le deuil

cimetière (m)	สุสาน	sù-sǎan
tombe (f)	หลุมศพ	lǔm sòp
croix (f)	ไม้กางเขน	mái gaang khǎyn
pierre (f) tombale	ป้ายหลุมศพ	bpâai lǔm sòp
clôture (f)	รั้ว	rúa
chapelle (f)	โรงสวด	rohng sùat
mort (f)	ความตาย	khwaam dtaai
mourir (vi)	ตาย	dtaai
défunt (m)	ผู้เสียชีวิต	phôo sǐa chee-wít
deuil (m)	การไว้อาลัย	gaan wái aa-lai
enterrer (vt)	ฝังศพ	fǎng sòp
maison (f) funéraire	บริษัทรับจัดงานศพ	bor-rí-sàt ráp jàt ngaan sòp
enterrement (m)	งานศพ	ngaan sòp
couronne (f)	พวงหรีด	phuang rèet
cercueil (m)	โลงศพ	lohng sòp
corbillard (m)	รถขนศพ	rót khǒn sòp
linceul (m)	ผ้าห่อศพ	phâa hòr sòp
cortège (m) funèbre	พิธีศพ	phí-tee sòp
urne (f) funéraire	โกศ	gòht
crématoire (m)	เมรุ	mayn
nécrologue (m)	ข่าวมรณกรรม	khàao mor-rá-ná-gam
pleurer (vi)	ร้องไห้	rórng hâi
sangloter (vi)	สะอื้น	sà-êun

154. La guerre. Les soldats

section (f)	หมวด	mùat
compagnie (f)	กองร้อย	gorng rói

régiment (m)	กรม	grom
armée (f)	กองทัพ	gorng tháp
division (f)	กองพล	gorng phon-la
détachement (m)	หมู่	mòo
armée (f) (Moyen Âge)	กองทัพ	gorng tháp
soldat (m) (un militaire)	ทหาร	thá-hǎan
officier (m)	นายทหาร	naai thá-hǎan
soldat (m) (grade)	พลทหาร	phon-thá-hǎan
sergent (m)	สิบเอก	sìp àyk
lieutenant (m)	ร้อยโท	rói thoh
capitaine (m)	ร้อยเอก	rói àyk
commandant (m)	พลตรี	phon-dtree
colonel (m)	พันเอก	phan àyk
général (m)	นายพล	naai phon
marin (m)	กะลาสี	gà-laa-sěe
capitaine (m)	กัปตัน	gàp dtan
maître (m) d'équipage	สรั่งเรือ	sà-ràng reua
artilleur (m)	ทหารปืนใหญ่	thá-hǎan bpeun yài
parachutiste (m)	พลรม	phon-rôm
pilote (m)	นักบิน	nák bin
navigateur (m)	ต้นหน	dtôn hǒn
mécanicien (m)	ช่างเครื่อง	châang khrêuang
démineur (m)	ทหารช่าง	thá-hǎan châang
parachutiste (m)	ทหารราบอากาศ	thá-hǎan râap aa-gàat
éclaireur (m)	ทหารพราน	thá-hǎan phraan
tireur (m) d'élite	พลซุ่มยิง	phon sûm ying
patrouille (f)	หน่วยลาดตระเวน	nùay lâat dtrà-wayn
patrouiller (vi)	ลาดตระเวน	lâat dtrà-wayn
sentinelle (f)	ทหารยาม	tá-hǎan yaam
guerrier (m)	นักรบ	nák róp
patriote (m)	ผู้รักชาติ	phôo rák châat
héros (m)	วีรบุรุษ	wee-rá-bù-rùt
héroïne (f)	วีรสตรี	wee rá-sot dtree
traître (m)	ผู้ทรยศ	phôo thor-rá-yót
trahir (vt)	ทรยศ	thor-rá-yót
déserteur (m)	ทหารหนีทัพ	thá-hǎan něe tháp
déserter (vt)	หนีทัพ	něe tháp
mercenaire (m)	ทหารรับจ้าง	thá-hǎan ráp jâang
recrue (f)	เกณฑ์ทหาร	gayn thá-hǎan
volontaire (m)	อาสาสมัคร	aa-sǎa sà-màk
mort (m)	คนถูกฆ่า	khon thòok khâa
blessé (m)	ผู้ได้รับบาดเจ็บ	phôo dâai ráp bàat jèp
prisonnier (m) de guerre	เชลยศึก	chá-loie sèuk

155. La guerre. Partie 1

guerre (f)	สงคราม	sŏng-khraam
faire la guerre	ทำสงคราม	tham sŏng-khraam
guerre (f) civile	สงครามกลางเมือง	sŏng-khraam glaang-meuang
perfidement (adv)	ตลบตะแลง	dtà-lòp-dtà-laeng
déclaration (f) de guerre	การประกาศสงคราม	gaan bprà-gàat sŏng-khraam
déclarer (la guerre)	ประกาศสงคราม	bprà-gàat sŏng-khraam
agression (f)	การรุกราน	gaan rúk-raan
attaquer (~ un pays)	บุกรุก	bùk rúk
envahir (vt)	บุกรุก	bùk rúk
envahisseur (m)	ผู้บุกรุก	phôo bùk rúk
conquérant (m)	ผู้ยึดครอง	phôo yéut khrorng
défense (f)	การป้องกัน	gaan bpôrng gan
défendre (vt)	ปกป้อง	bpòk bpôrng
se défendre (vp)	ป้องกัน	bpôrng gan
ennemi (m)	ศัตรู	sàt-dtroo
adversaire (m)	ข้าศึก	khâa sèuk
ennemi (adj) (territoire ~)	ศัตรู	sàt-dtroo
stratégie (f)	ยุทธศาสตร์	yút-thá-sàat
tactique (f)	ยุทธวิธี	yút-thá-wí-thee
ordre (m)	คำสั่ง	kham sàng
commande (f)	คำบัญชาการ	kham ban-chaa gaan
ordonner (vt)	สั่ง	sàng
mission (f)	ภารกิจ	phaa-rá-gìt
secret (adj)	อย่างลับ	yàang láp
bataille (f), combat (m)	การรบ	gaan róp
attaque (f)	การจู่โจม	gaan jòo johm
assaut (m)	การเข้าจู่โจม	gaan khâo jòo johm
prendre d'assaut	บุกจู่โจม	bùk jòo johm
siège (m)	การโอบล้อมโจมตี	gaan òhp lóm johm dtee
offensive (f)	การโจมตี	gaan johm dtee
passer à l'offensive	โจมตี	johm dtee
retraite (f)	การถอย	gaan thŏi
faire retraite	ถอย	thŏi
encerclement (m)	การปิดล้อม	gaan bpìt lórm
encercler (vt)	ปิดล้อม	bpìt lórm
bombardement (m)	การทิ้งระเบิด	gaan thíng rá-bèrt
lancer une bombe	ทิ้งระเบิด	thíng rá-bèrt
bombarder (vt)	ทิ้งระเบิด	thíng rá-bèrt
explosion (f)	การระเบิด	gaan rá-bèrt
coup (m) de feu	การยิง	gaan ying
tirer un coup de feu	ยิง	ying

fusillade (f)	การยิง	gaan ying
viser ... (cible)	เล็ง	leng
pointer (sur ...)	ชี้	chée
atteindre (cible)	ถูกเป้าหมาย	thòok bpâo măai

faire sombrer	จม	jom
trou (m) (dans un bateau)	รู	roo
sombrer (navire)	จม	jom

front (m)	แนวหน้า	naew nâa
évacuation (f)	การอพยพ	gaan òp-phá-yóp
évacuer (vt)	อพยพ	òp-phá-yóp

tranchée (f)	สนามเพลาะ	sà-năam phlór
barbelés (m pl)	ลวดหนาม	lûat năam
barrage (m) (~ antichar)	สิ่งกีดขวาง	sìng gèet-khwăang
tour (f) de guet	หอสังเกตการณ์	hŏr săng-gàyt gaan

hôpital (m)	โรงพยาบาล	rohng phá-yaa-baan
	ทหาร	thá-hăan
blesser (vt)	ทำให้บาดเจ็บ	tham hâi bàat jèp
blessure (f)	แผล	phlăe
blessé (m)	ผู้ได้รับบาดเจ็บ	phôo dâai ráp bàat jèp
être blessé	ได้รับบาดเจ็บ	dâai ráp bàat jèp
grave (blessure)	รายแรง	ráai raeng

156. Les armes

arme (f)	อาวุธ	aa-wút
armes (f pl) à feu	อาวุธปืน	aa-wút bpeun
armes (f pl) blanches	อาวุธเย็น	aa-wút yen

arme (f) chimique	อาวุธเคมี	aa-wút khay-mee
nucléaire (adj)	นิวเคลียร์	niw-khlia
arme (f) nucléaire	อาวุธนิวเคลียร์	aa-wút niw-khlia

| bombe (f) | ลูกระเบิด | lôok rá-bèrt |
| bombe (f) atomique | ลูกระเบิดปรมาณู | lôok rá-bèrt bpà-rá-maa-noo |

pistolet (m)	ปืนพก	bpeun phók
fusil (m)	ปืนไรเฟิล	bpeun rai-fern
mitraillette (f)	ปืนกลมือ	bpeun gon meu
mitrailleuse (f)	ปืนกล	bpeun gon

bouche (f)	ปากประบอกปืน	bpàak bprà bòrk bpeun
canon (m)	ลำกลอง	lam glôrng
calibre (m)	ขนาดลำกลอง	khà-nàat lam glôrng

gâchette (f)	ไกปืน	gai bpeun
mire (f)	ศูนย์เล็ง	sŏon leng
magasin (m)	แม็กกาซีน	máek-gaa-seen
crosse (f)	พานท้ายปืน	phaan tháai bpeun
grenade (f) à main	ระเบิดมือ	rá-bèrt meu
explosif (m)	วัตถุระเบิด	wát-thù rá-bèrt

balle (f)	ลูกกระสุน	lôok grà-sŭn
cartouche (f)	ตลับกระสุน	dtà-làp grà-sŭn
charge (f)	กระสุน	grà-sŭn
munitions (f pl)	อาวุธยุทธภัณฑ์	aa-wút yút-thá-phan
bombardier (m)	เครื่องบินทิ้งระเบิด	khrêuang bin thíng rá-bèrt
avion (m) de chasse	เครื่องบินขับไล่	khrêuang bin khàp lâi
hélicoptère (m)	เฮลิคอปเตอร์	hay-lí-khôrp-dtêr
pièce (f) de D.C.A.	ปืนต่อสู้	bpeun dtòr sôo
	อากาศยาน	aa-gàat-sà-yaan
char (m)	รถถัง	rót thăng
canon (m) d'un char	ปืนรถถัง	bpeun rót thăng
artillerie (f)	ปืนใหญ่	bpeun yài
canon (m)	ปืน	bpeun
pointer (~ l'arme)	เล็งเป้าปืน	leng bpâo bpeun
obus (m)	กระสุน	grà-sŭn
obus (m) de mortier	กระสุนปืนครก	grà-sŭn bpeun khrók
mortier (m)	ปืนครก	bpeun khrók
éclat (m) d'obus	สะเก็ดระเบิด	sà-gèt rá-bèrt
sous-marin (m)	เรือดำน้ำ	reua dam náam
torpille (f)	ตอร์ปิโด	dtor-bpì-doh
missile (m)	ขีปนาวุธ	khĕe-bpà-naa-wút
charger (arme)	ใส่กระสุน	sài grà-sŭn
tirer (vi)	ยิง	ying
viser ... (cible)	เล็ง	leng
baïonnette (f)	ดาบปลายปืน	dàap bplaai bpeun
épée (f)	เรเปียร์	ray-bpia
sabre (m)	ดาบโค้ง	dàap khóhng
lance (f)	หอก	hòrk
arc (m)	ธนู	thá-noo
flèche (f)	ลูกธนู	lôok-thá-noo
mousquet (m)	ปืนคาบศิลา	bpeun khâap sì-laa
arbalète (f)	หน้าไม้	nâa máai

157. Les hommes préhistoriques

primitif (adj)	แบบดั้งเดิม	bàep dâng derm
préhistorique (adj)	ยุคก่อนประวัติศาสตร์	yúk gòn bprà-wàt sàat
ancien (adj)	โบราณ	boh-raan
Âge (m) de pierre	ยุคหิน	yúk hĭn
Âge (m) de bronze	ยุคสำริด	yúk săm-rít
période (f) glaciaire	ยุคน้ำแข็ง	yúk nám khăeng
tribu (f)	เผ่า	phào
cannibale (m)	ผู้ที่กินเนื้อคน	phôo thêe gin néua khon
chasseur (m)	นักล่าสัตว์	nák lâa sàt
chasser (vi, vt)	ล่าสัตว์	lâa sàt

mammouth (m)	ช้างแมมมอธ	cháang-maem-môt
caverne (f)	ถ้ำ	thâm
feu (m)	ไฟ	fai
feu (m) de bois	กองไฟ	gorng fai
dessin (m) rupestre	ภาพวาดในถ้ำ	phâap-wâat nai thâm
outil (m)	เครื่องมือ	khrêuang meu
lance (f)	หอก	hòrk
hache (f) en pierre	ขวานหิน	khwǎan hǐn
faire la guerre	ทำสงคราม	tham sǒng-khraam
domestiquer (vt)	เชื่อง	chêuang
idole (f)	เทวรูป	theu-rôop
adorer, vénérer (vt)	บูชา	boo-chaa
superstition (f)	ความเชื่องมงาย	khwaam chêua ngom-ngaai
rite (m)	พิธีกรรม	phí-thee gam
évolution (f)	วิวัฒนาการ	wí-wát-thá-naa-gaan
développement (m)	การพัฒนา	gaan phát-thá-naa
disparition (f)	การสูญพันธุ์	gaan sǒon phan
s'adapter (vp)	ปรับตัว	bpràp dtua
archéologie (f)	โบราณคดี	boh-raan khá-dee
archéologue (m)	นักโบราณคดี	nák boh-raan-ná-khá-dee
archéologique (adj)	ทางโบราณคดี	thaang boh-raan khá-dee
site (m) d'excavation	แหล่งขุดค้น	làeng khùt khón
fouilles (f pl)	การขุดค้น	gaan khùt khón
trouvaille (f)	สิ่งที่ค้นพบ	sìng thêe khón phóp
fragment (m)	เศษชิ้นส่วน	sàyt chín sùan

158. Le Moyen Âge

peuple (m)	ชาติพันธุ์	châat-dtì-phan
peuples (m pl)	ชาติพันธุ์	châat-dtì-phan
tribu (f)	เผ่า	phào
tribus (f pl)	เผ่า	phào
Barbares (m pl)	อนารยชน	à-naa-rá-yá-chon
Gaulois (m pl)	ชาวโกล	chaao gloh
Goths (m pl)	ชาวกอธ	chaao gòt
Slaves (m pl)	ชาวสลาฟ	chaao sà-làaf
Vikings (m pl)	ชาวไวกิ้ง	chaao wai-gîng
Romains (m pl)	ชาวโรมัน	chaao roh-man
romain (adj)	โรมัน	roh-man
byzantins (m pl)	ชาวไบแซนไทน์	chaao bai-saen-tpai
Byzance (f)	ไบแซนเทียม	bai-saen-thiam
byzantin (adj)	ไบแซนไทน์	bai-saen-thai
empereur (m)	จักรพรรดิ	jàk-grà-phát
chef (m)	ผู้นำ	phôo nam
puissant (adj)	ทรงพลัง	song phá-lang

roi (m)	มุหากษัตริย์	má-hǎa gà-sàt
gouverneur (m)	ผู้ปกครอง	phôo bpòk khrorng
chevalier (m)	อัศวิน	àt-sà-win
féodal (m)	เจ้าครองนคร	jâo khrorng ná-khon
féodal (adj)	ระบบศักดินา	rá-bòp sàk-gà-dì naa
vassal (m)	เจ้าของที่ดิน	jâo khǒrng thêe din
duc (m)	ดยุค	dà-yúk
comte (m)	เอิร์ล	ern
baron (m)	บารอน	baa-rorn
évêque (m)	พระบิชอป	phrá bì-chôp
armure (f)	เกราะ	gròr
bouclier (m)	โล่	lôh
glaive (m)	ดาบ	dàap
visière (f)	กะบังหน้าของหมวก	gà-bang nâa khǒrng mùak
cotte (f) de mailles	เสื้อเกราะถัก	sêua gròr thàk
croisade (f)	สงครามครูเสด	sǒng-khraam khroo-sàyt
croisé (m)	ผู้ทำสงคราม	phôo tham sǒng-kraam
	ศาสนา	sàat-sà-nǎa
territoire (m)	อาณาเขต	aa-naa khàyt
attaquer (~ un pays)	โจมตี	johm dtee
conquérir (vt)	ยึดครอง	yéut khrorng
occuper (envahir)	บุกยึด	bùk yéut
siège (m)	การโอบล้อมโจมตี	gaan òhp lóm johm dtee
assiégé (adj)	ถูกล้อมกรอบ	thòok lóm gròp
assiéger (vt)	ล้อมโจมตี	lóm johm dtee
inquisition (f)	การไต่สวน	gaan dtài sǔan
inquisiteur (m)	ผู้ไต่สวน	phôo dtài sǔan
torture (f)	การทูรมาน	gaan thor-rá-maan
cruel (adj)	โหดร้าย	hòht ráai
hérétique (m)	ผู้นอกรีต	phôo nôrk rêet
hérésie (f)	ความนอกรีต	khwaam nôrk rêet
navigation (f) en mer	การเดินเรือทะเล	gaan dern reua thá-lay
pirate (m)	โจรสลัด	john sà-làt
piraterie (f)	การปลันสะดม	gaan bplôn-sà-dom
	ในนานน้ำทะเล	nai nâan náam thá-lay
abordage (m)	การบุกขึ้นเรือ	gaan bùk khêun reua
butin (m)	ของที่ปลน	khǒrng têe bplôn-
	สะดมมา	sà-dom maa
trésor (m)	สมบัติ	sǒm-bàt
découverte (f)	การค้นพบ	gaan khón phóp
découvrir (vt)	ค้นพบ	khón phóp
expédition (f)	การสำรวจ	gaan sǎm-rùat
mousquetaire (m)	ทหารถือ	thá-hǎan thěu
	ปืนคาบศิลา	bpeun khâap sì-laa
cardinal (m)	พระคาร์ดินัล	phrá khaa-dì-nan
héraldique (f)	มุทราศาสตร์	mút-raa sàat
héraldique (adj)	ทางมุทราศาสตร์	thaang mút-raa sàat

159. Les dirigeants. Les responsables. Les autorités

roi (m)	ราชา	raa-chaa
reine (f)	ราชินี	raa-chí-nee
royal (adj)	เกี่ยวกับราชวงศ์	glèow gàp râat-cha-wong
royaume (m)	ราชอาณาจักร	râat aa-naa jàk
prince (m)	เจ้าชาย	jâo chaai
princesse (f)	เจาหญิง	jâo yǐng
président (m)	ประธานาธิบดี	bprà-thaa-naa-thí-bor-dee
vice-président (m)	รองประธา นาธิบดี	rorng bprà-thaa-naa-thí-bor-dee
sénateur (m)	สมาชิกวุฒิสภา	sà-maa-chík wút-thí sà-phaa
monarque (m)	กษัตริย์	gà-sàt
gouverneur (m)	ผูปกครอง	phôo bpòk khrorng
dictateur (m)	เผด็จการ	phà-dèt gaan
tyran (m)	ทูรราช	thor-rá-râat
magnat (m)	ผูมีอิทธิพลสูง	phôo mee ìt-thí phon sǒong
directeur (m)	ผูอำนวยการ	phôo am-nuay gaan
chef (m)	หัวหนา	hǔa-nâa
gérant (m)	ผูจัดการ	phôo jàt gaan
boss (m)	หัวหนา	hǔa-nâa
patron (m)	เจาของ	jâo khǒrng
leader (m)	ผูนำ	phôo nam
chef (m) (~ d'une délégation)	หัวหนา	hǔa-nâa
autorités (f pl)	เจาหนาที่	jâo nâa-thêe
supérieurs (m pl)	ผูบังคับบัญชา	phôo bang-kháp ban-chaa
gouverneur (m)	ผูวาการ	phôo wâa gaan
consul (m)	กงสุล	gong-sǔn
diplomate (m)	นักการทูต	nák gaan thôot
maire (m)	นายกเทศมนตรี	naa-yók thâyt-sà-mon-dtree
shérif (m)	นายอำเภอ	naai am-pher
empereur (m)	จักรุพรรดิ	jàk-grà-phát
tsar (m)	ซาร	saa
pharaon (m)	ฟาโรห์	faa-roh
khan (m)	ขาน	khàan

160. Les crimes. Les criminels. Partie 1

bandit (m)	โจร	john
crime (m)	อาชญากรรม	àat-yaa-gam
criminel (m)	อาชญากร	àat-yaa-gon
voleur (m)	ขโมย	khà-moi
voler (qch à qn)	ขโมย	khà-moi
vol (m) (activité)	การลักขโมย	gaan lák khà-moi
vol (m) (~ à la tire)	การลักทรัพย์	gaan lák sáp

kidnapper (vt)	ลักพาตัว	lák phaa dtua
kidnapping (m)	การลักพาตัว	gaan lák phaa dtua
kidnappeur (m)	ผู้ลักพาตัว	phôo lák phaa dtua

| rançon (f) | ค่าไถ่ | khâa thài |
| exiger une rançon | เรียกเงินค่าไถ่ | rîak ngern khâa thài |

cambrioler (vt)	ปล้น	bplôn
cambriolage (m)	การปล้น	gaan bplôn
cambrioleur (m)	ขโมยขโจร	khà-moi khà-john

extorquer (vt)	รีดไถ	rêet thǎi
extorqueur (m)	ผู้รีดไถ	phôo rêet thǎi
extorsion (f)	การรีดไถ	gaan rêet thǎi

tuer (vt)	ฆ่า	khâa
meurtre (m)	ฆาตกรรม	khâat-dtà-gaam
meurtrier (m)	ฆาตกร	khâat-dtà-gon

coup (m) de feu	การยิงปืน	gaan ying bpeun
tirer un coup de feu	ยิง	ying
abattre (par balle)	ยิงให้ตาย	ying hâi dtaai
tirer (vi)	ยิง	ying
coups (m pl) de feu	การยิง	gaan ying

incident (m)	เหตุการณ์	hàyt gaan
bagarre (f)	การต่อสู้	gaan dtòr sôo
Au secours!	ขอช่วย	khǒr chûay
victime (f)	เหยื่อ	yèua

endommager (vt)	ทำความเสียหาย	tham khwaam sǐa hǎai
dommage (m)	ความเสียหาย	khwaam sǐa hǎai
cadavre (m)	ศพ	sòp
grave (~ crime)	รายแรง	ráai raeng

attaquer (vt)	จู่โจม	jòo johm
battre (frapper)	ตี	dtee
passer à tabac	ซ้อม	sórm
prendre (voler)	ปล้น	bplôn
poignarder (vt)	แทงให้ตาย	thaeng hâi dtaai
mutiler (vt)	ทำให้บาดเจ็บสาหัส	tham hâi bàat jèp sǎa hàt
blesser (vt)	บาด	bàat

chantage (m)	การกรรโชก	gaan-gan-chôhk
faire chanter	กรรโชก	gan-chôhk
maître (m) chanteur	ผู้ขู่กรรโชก	phôo khòo gan-chôhk

| racket (m) de protection | การคุมครอง ผิดกฎหมาย | gaan khum khrorng phìt gòt mǎai |
| racketteur (m) | ผู้ที่หาเงิน จากกิจกรรมที่ ผิดกฎหมาย | phôo thêe hǎa ngern jàak gìt-jà-gam thêe phìt gòt mǎai |

gangster (m)	เหล่าร้าย	lào ráai
mafia (f)	มาเฟีย	maa-fia
pickpocket (m)	ขโมยล้วงกระเป๋า	khà-moi lúang grà-bpǎo
cambrioleur (m)	ขโมยย่องเบา	khà-moi yông bao

| contrebande (f) (trafic) | การลักลอบ | gaan lák-lôrp |
| contrebandier (m) | ผู้ลักลอบ | phôo lák lôrp |

contrefaçon (f)	การปลอมแปลง	gaan bplorm bplaeng
falsifier (vt)	ปลอมแปลง	bplorm bplaeng
faux (falsifié)	ปลอม	bplorm

161. Les crimes. Les criminels. Partie 2

viol (m)	การข่มขืน	gaan khòm khĕun
violer (vt)	ข่มขืน	khòm khĕun
violeur (m)	โจรข่มขืน	john khòm khĕun
maniaque (m)	คนบ้า	khon bâa

prostituée (f)	โสเภณี	sŏh-phay-nee
prostitution (f)	การค้าประเวณี	gaan kháa bprà-way-nee
souteneur (m)	แมงดา	maeng-daa

| drogué (m) | ผู้ติดยาเสพติด | phôo dtìt yaa-sàyp-dtìt |
| trafiquant (m) de drogue | พ่อค้ายาเสพติด | phôr kháa yaa-sàyp-dtìt |

faire exploser	ระเบิด	rá-bèrt
explosion (f)	การระเบิด	gaan rá-bèrt
mettre feu	เผา	phăo
incendiaire (m)	ผู้ลอบวางเพลิง	phôo lôp waang phlerng

terrorisme (m)	การก่อการร้าย	gaan gòr gaan ráai
terroriste (m)	ผู้ก่อการราย	phôo gòr gaan ráai
otage (m)	ตัวประกัน	dtua bprà-gan

escroquer (vt)	ล่อลวง	lôr luang
escroquerie (f)	การล่อลวง	gaan lôr luang
escroc (m)	นักตมตุ๋น	nák dtôm dtŭn

soudoyer (vt)	ติดสินบน	dtìt sĭn-bon
corruption (f)	การติดสินบน	gaan dtìt sĭn-bon
pot-de-vin (m)	สินบน	sĭn bon

poison (m)	ยาพิษ	yaa phít
empoisonner (vt)	วางยาพิษ	waang-yaa phít
s'empoisonner (vp)	กินยาตาย	gin yaa dtaai

| suicide (m) | การฆ่าตัวตาย | gaan kháa dtua dtaai |
| suicidé (m) | ผู้ฆ่าตัวตาย | phôo kháa dtua dtaai |

menacer (vt)	ขู่	khòo
menace (f)	คำขู่	kham khòo
attenter (vt)	พยายามฆ่า	phá-yaa-yaam khâa
attentat (m)	การพยายามฆ่า	gaan phá-yaa-yaam khâa

voler (un auto)	จี้	jêe
détourner (un avion)	จี้	jêe
vengeance (f)	การแก้แค้น	gaan gâe kháen
se venger (vp)	แก้แค้น	gâe kháen

torturer (vt)	ทรมาณ	thon-maan
torture (f)	การทรมาน	gaan thor-rá-maan
tourmenter (vt)	ทำทารุณ	tam taa-run
pirate (m)	โจรสลัด	john sà-làt
voyou (m)	นักเลง	nák-layng
armé (adj)	มีอาวุธ	mee aa-wút
violence (f)	ความรุนแรง	khwaam run raeng
illégal (adj)	ผิดกฎหมาย	phìt gòt măai
espionnage (m)	จารกรรม	jaa-rá-gam
espionner (vt)	ลวงความลับ	lúang khwaam láp

162. La police. La justice. Partie 1

justice (f)	ยุติธรรม	yút-dtì-tham
tribunal (m)	ศาล	săan
juge (m)	ผู้พิพากษา	phôo phí-phâak-săa
jury (m)	ลูกขุน	lôok khŭn
cour (f) d'assises	การไต่สวนคดี	gaan dtài sŭan khá-dee
	แบบมีลูกขุน	bàep mee lôok khŭn
juger (vt)	พิพากษา	phí-phâak-săa
avocat (m)	ทนายความ	thá-naai khwaam
accusé (m)	จำเลย	jam loie
banc (m) des accusés	คอกจำเลย	khôrk jam loie
inculpation (f)	ข้อกล่าวหา	khôr glàao hăa
inculpé (m)	ถูกกลาวหา	thòok glàao hăa
condamnation (f)	การลงโทษ	gaan long thôht
condamner (vt)	พิพากษา	phí-phâak-săa
coupable (m)	ผู้กระทำความผิด	phôo grà-tham khwaam phìt
punir (vt)	ลงโทษ	long thôht
punition (f)	การลงโทษ	gaan long thôht
amende (f)	ปรับ	bpràp
détention (f) à vie	การจำคุก	gaan jam khúk
	ตลอดชีวิต	dtà-lòt chee-wít
peine (f) de mort	โทษประหาร	thôht-bprà-hăan
chaise (f) électrique	เก้าอี้ไฟฟ้า	gâo-êe fai-fáa
potence (f)	ตะแลงแกง	dtà-laeng-gaeng
exécuter (vt)	ประหาร	bprà-hăan
exécution (f)	การประหาร	gaan bprà-hăan
prison (f)	คุก	khúk
cellule (f)	ห้องขัง	hôrng khăng
escorte (f)	ผู้ควบคุมตัว	phôo khûap khum dtua
gardien (m) de prison	ผู้คุม	phôo khum
prisonnier (m)	นักโทษ	nák thôht

| menottes (f pl) | กุญแจมือ | gun-jae meu |
| mettre les menottes | ใส่กุญแจมือ | sài gun-jae meu |

évasion (f)	การแหกคุก	gaan hàek khúk
s'évader (vp)	แหก	hàek
disparaître (vi)	หายตัวไป	hǎai dtua bpai
libérer (vt)	ถูกปล่อยตัว	thòok bplòi dtua
amnistie (f)	การนิรโทษกรรม	gaan ní-rá-thôht gam

police (f)	ตำรวจ	dtam-rùat
policier (m)	เจ้าหน้าที่ตำรวจ	jâo nâa-thêe dtam-rùat
commissariat (m) de police	สถานีตำรวจ	sà-thǎa-nee dtam-rùat
matraque (f)	กระบองตำรวจ	grà-bong dtam-rùat
haut parleur (m)	โทรโข่ง	toh-ra -khòhng

voiture (f) de patrouille	รถลาดตระเวน	rót lâat dtrà-wayn
sirène (f)	หวอ	wǒr
enclencher la sirène	เปิดหวอ	bpèrt wǒr
hurlement (m) de la sirène	เสียงหวอ	sǐang wǒr

lieu (m) du crime	ที่เกิดเหตุ	thêe gèrt hàyt
témoin (m)	พยาน	phá-yaan
liberté (f)	อิสระ	ìt-sà-rà
complice (m)	ผู้รวมกระทำผิด	phôo rûam grà-tham phìt
s'enfuir (vp)	หนี	nǐe
trace (f)	รองรอย	rông roi

163. La police. La justice. Partie 2

recherche (f)	การสืบสวน	gaan sèup sǔan
rechercher (vt)	หาตัว	hǎa dtua
suspicion (f)	ความสงสัย	khwaam sǒng-sǎi
suspect (adj)	น่าสงสัย	nâa sǒng-sǎi
arrêter (dans la rue)	เรียกให้หยุด	rîak hâi yùt
détenir (vt)	กักตัว	gàk dtua

affaire (f) (~ pénale)	คดี	khá-dee
enquête (f)	การสืบสวน	gaan sèup sǔan
détective (m)	นักสืบ	nák sèup
enquêteur (m)	นักสอบสวน	nák sòrp sǔan
hypothèse (f)	สันนิษฐาน	sǎn-nít-thǎan

motif (m)	เหตุจูงใจ	hàyt joong jai
interrogatoire (m)	การสอบปากคำ	gaan sòp bpàak kham
interroger (vt)	สอบสวน	sòrp sǔan
interroger (~ les voisins)	ไถถาม	thài thǎam
inspection (f)	การตรวจสอบ	gaan dtrùat sòp

rafle (f)	การรวบตัว	gaan rûap dtua
perquisition (f)	การตรวจค้น	gaan dtrùat khón
poursuite (f)	การไล่ล่า	gaan lâi lâa
poursuivre (vt)	ไล่ล่า	lâi lâa
dépister (vt)	สืบ	sèup
arrestation (f)	การจับกุม	gaan jàp gum

arrêter (vt)	จับกุม	jàp gum
attraper (~ un criminel)	จับ	jàp
capture (f)	การจับ	gaan jàp
document (m)	เอกสาร	àyk săan
preuve (f)	หลักฐาน	làk thăan
prouver (vt)	พิสูจน์	phí-sòot
empreinte (f) de pied	รอยเท้า	roi tháo
empreintes (f pl) digitales	รอยนิ้วมือ	roi níw meu
élément (m) de preuve	หลักฐาน	làk thăan
alibi (m)	ข้อแก้ตัว	khôr gâe dtua
innocent (non coupable)	พ้นผิด	phón phìt
injustice (f)	ความอยุติธรรม	khwaam a-yút-dtì-tam
injuste (adj)	ไม่เป็นธรรม	mâi bpen-tham
criminel (adj)	อาชญากร	àat-yaa-gon
confisquer (vt)	ยึด	yéut
drogue (f)	ยาเสพติด	yaa sàyp dtìt
arme (f)	อาวุธ	aa-wút
désarmer (vt)	ปลดอาวุธ	bplòt aa-wút
ordonner (vt)	ออกคำสั่ง	òrk kham sàng
disparaître (vi)	หายตัวไป	hăai dtua bpai
loi (f)	กฎหมาย	gòt măai
légal (adj)	ตามกฎหมาย	dtaam gòt măai
illégal (adj)	ผิดกฎหมาย	phìt gòt măai
responsabilité (f)	ความรับผิดชอบ	khwaam ráp phìt chôp
responsable (adj)	รับผิดชอบ	ráp phìt chôp

LA NATURE

La Terre. Partie 1

164. L'espace cosmique

cosmos (m)	อวกาศ	a-wá-gàat
cosmique (adj)	ทางอวกาศ	thang a-wá-gàat
espace (m) cosmique	อวกาศ	a-wá-gàat
monde (m)	โลก	lôhk
univers (m)	จักรวาล	jàk-grà-waan
galaxie (f)	ดาราจักร	daa-raa jàk
étoile (f)	ดาว	daao
constellation (f)	กลุ่มดาว	glùm daao
planète (f)	ดาวเคราะห์	daao khrór
satellite (m)	ดาวเทียม	daao thiam
météorite (m)	ดาวตก	daao dtòk
comète (f)	ดาวหาง	daao hăang
astéroïde (m)	ดาวเคราะห์น้อย	daao khrór nói
orbite (f)	วงโคจร	wong khoh-jon
tourner (vi)	เวียน	wian
atmosphère (f)	บรรยากาศ	ban-yaa-gàat
Soleil (m)	ดวงอาทิตย์	duang aa-thít
système (m) solaire	ระบบสุริยะ	rá-bòp sù-rí-yá
éclipse (f) de soleil	สุริยุปราคา	sù-rí-yú-bpà-raa-kaa
Terre (f)	โลก	lôhk
Lune (f)	ดวงจันทร์	duang jan
Mars (m)	ดาวอังคาร	daao ang-khaan
Vénus (f)	ดาวศุกร์	daao sùk
Jupiter (m)	ดาวพฤหัส	daao phá-réu-hàt
Saturne (m)	ดาวเสาร์	daao săo
Mercure (m)	ดาวพุธ	daao phút
Uranus (m)	ดาวยูเรนัส	daao-yoo-ray-nát
Neptune	ดาวเนปจูน	daao-nâyp-joon
Pluton (m)	ดาวพลูโต	daao phloo-dtoh
la Voie Lactée	ทางช้างเผือก	thaang cháang phèuak
la Grande Ours	กลุ่มดาวหมีใหญ่	glùm daao mĕe yài
la Polaire	ดาวเหนือ	daao nĕua
martien (m)	ชาวดาวอังคาร	chaao daao ang-khaan
extraterrestre (m)	มนุษย์ต่างดาว	má-nút dtàang daao

| alien (m) | มนุษย์ต่างดาว | má-nút dtàang daao |
| soucoupe (f) volante | จานบิน | jaan bin |

vaisseau (m) spatial	ยานอวกาศ	yaan a-wá-gàat
station (f) orbitale	สถานีอวกาศ	sà-thǎa-nee a-wá-gàat
lancement (m)	การปล่อยจรวด	gaan bplòi jà-rùat

moteur (m)	เครื่องยนต์	khrêuang yon
tuyère (f)	ท่อไอพ่น	thôr ai phôn
carburant (m)	เชื้อเพลิง	chéua phlerng

cabine (f)	ที่นั่งคนขับ	thêe nâng khon khàp
antenne (f)	เสาอากาศ	sǎo aa-gàat
hublot (m)	ช่อง	chôrng
batterie (f) solaire	อุปกรณ์พลังงานแสงอาทิตย์	ù-bpà-gon phá-lang ngaan sǎeng aa-thít

| scaphandre (m) | ชุดอวกาศ | chút a-wá-gàat |

| apesanteur (f) | สภาพไร้น้ำหนัก | sà-phâap rái nám nàk |
| oxygène (m) | อ็อกซิเจน | ók sí jayn |

| arrimage (m) | การเทียบท่า | gaan thîap thâa |
| s'arrimer à … | เทียบท่า | thîap thâa |

observatoire (m)	หอดูดาว	hǒr doo daao
télescope (m)	กล้องโทรทรรศน์	glôrng thoh-rá-thát
observer (vt)	เฝ้าสังเกต	fâo sǎng-gàyt
explorer (un cosmos)	สำรวจ	sǎm-rùat

165. La Terre

Terre (f)	โลก	lôhk
globe (m) terrestre	ลูกโลก	lôok lôhk
planète (f)	ดาวเคราะห์	daao khrór

atmosphère (f)	บรรยากาศ	ban-yaa-gàat
géographie (f)	ภูมิศาสตร์	phoo-mí-sàat
nature (f)	ธรรมชาติ	tham-má-châat

globe (m) de table	ลูกโลก	lôok lôhk
carte (f)	แผนที่	phǎen thêe
atlas (m)	หนังสือแผนที่โลก	nǎng-sěu phǎen thêe lôhk

Europe (f)	ยุโรป	yú-ròhp
Asie (f)	เอเชีย	ay-chia
Afrique (f)	แอฟริกา	àef-rí-gaa
Australie (f)	ออสเตรเลีย	òrt-dtray-lia

Amérique (f)	อเมริกา	a-may-rí-gaa
Amérique (f) du Nord	อเมริกาเหนือ	a-may-rí-gaa něua
Amérique (f) du Sud	อเมริกาใต้	a-may-rí-gaa dtâi

| l'Antarctique (m) | แอนตาร์กติกา | aen-dtàak-dtì-gaa |
| l'Arctique (m) | อารกติค | àak-dtìk |

166. Les quatre parties du monde

nord (m)	เหนือ	nĕua
vers le nord	ทิศเหนือ	thít nĕua
au nord	ที่ภาคเหนือ	thêe phâak nĕua
du nord (adj)	ทางเหนือ	thaang nĕua
sud (m)	ใต้	dtâi
vers le sud	ทิศใต้	thít dtâi
au sud	ที่ภาคใต้	thêe phâak dtâi
du sud (adj)	ทางใต้	thaang dtâi
ouest (m)	ตะวันตก	dtà-wan dtòk
vers l'occident	ทิศตะวันตก	thít dtà-wan dtòk
à l'occident	ที่ภาคตะวันตก	thêe phâak dtà-wan dtòk
occidental (adj)	ทางตะวันตก	thaang dtà-wan dtòk
est (m)	ตะวันออก	dtà-wan òrk
vers l'orient	ทิศตะวันออก	thít dtà-wan òrk
à l'orient	ที่ภาคตะวันออก	thêe phâak dtà-wan òrk
oriental (adj)	ทางตะวันออก	thaang dtà-wan òrk

167. Les océans et les mers

mer (f)	ทะเล	thá-lay
océan (m)	มุหาสมุทร	má-hăa sà-mùt
golfe (m)	อ่าว	àao
détroit (m)	ช่องแคบ	chôrng khâep
terre (f) ferme	พื้นดิน	phéun din
continent (m)	ทวีป	thá-wêep
île (f)	เกาะ	gòr
presqu'île (f)	คาบสมุทร	khâap sà-mùt
archipel (m)	หมู่เกาะ	mòo gòr
baie (f)	อ่าว	àao
port (m)	ท่าเรือ	thâa reua
lagune (f)	ลากูน	laa-goon
cap (m)	แหลม	lăem
atoll (m)	อะทอลล์	à-thorn
récif (m)	แนวปะการัง	naew bpà-gaa-rang
corail (m)	ปะการัง	bpà gaa-rang
récif (m) de corail	แนวปะการัง	naew bpà-gaa-rang
profond (adj)	ลึก	léuk
profondeur (f)	ความลึก	khwaam léuk
abîme (m)	หุบเหวลึก	hùp wăy léuk
fosse (f) océanique	ร่องลึกกันสมุทร	rông léuk gôn sà-mùt
courant (m)	กระแสน้ำ	grà-săe náam
baigner (vt) (mer)	ล้อมรอบ	lórm rôrp

littoral (m)	ชายฝั่ง	chaai fàng
côte (f)	ชายฝั่ง	chaai fàng
marée (f) haute	น้ำขึ้น	náam khêun
marée (f) basse	น้ำลง	náam long
banc (m) de sable	หาดตื้น	hàat dtêun
fond (m)	กนทะเล	gôn thá-lay
vague (f)	คลื่น	khlêun
crête (f) de la vague	มวนคลื่น	múan khlêun
mousse (f)	ฟองคลื่น	forng khlêun
tempête (f) en mer	พายุ	phaa-yú
ouragan (m)	พายุเฮอร์ริเคน	phaa-yú her-rí-khayn
tsunami (m)	คลื่นยักษ์	khlêun yák
calme (m)	ภาวะไร้ลมพัด	phaa-wá rái lom phát
calme (tranquille)	สงบ	sà-ngòp
pôle (m)	ขั้วโลก	khûa lôhk
polaire (adj)	ขั้วโลก	khûa lôhk
latitude (f)	เส้นรุ้ง	sên rúng
longitude (f)	เส้นแวง	sên waeng
parallèle (f)	เส้นขนาน	sên khà-nǎan
équateur (m)	เส้นศูนย์สูตร	sên sǒon sòot
ciel (m)	ท้องฟ้า	thórng fáa
horizon (m)	ขอบฟ้า	khòrp fáa
air (m)	อากาศ	aa-gàat
phare (m)	ประภาคาร	bprà-phaa-khaan
plonger (vi)	ดำ	dam
sombrer (vi)	จม	jom
trésor (m)	สมบัติ	sǒm-bàt

168. Les montagnes

montagne (f)	ภูเขา	phoo khǎo
chaîne (f) de montagnes	ทิวเขา	thiw khǎo
crête (f)	สันเขา	sǎn khǎo
sommet (m)	ยอดเขา	yôrt khǎo
pic (m)	ยอด	yôrt
pied (m)	ตีนเขา	dteun khǎo
pente (f)	ไหลเขา	lài khǎo
volcan (m)	ภูเขาไฟ	phoo khǎo fai
volcan (m) actif	ภูเขาไฟมีพลัง	phoo khǎo fai mee phá-lang
volcan (m) éteint	ภูเขาไฟที่ดับแล้ว	phoo khǎo fai thêe dàp láew
éruption (f)	ภูเขาไฟระเบิด	phoo khǎo fai rá-bèrt
cratère (m)	ปล่องภูเขาไฟ	bplòng phoo khǎo fai
magma (m)	หินหนืด	hǐn nèut
lave (f)	ลาวา	laa-waa

en fusion (lave ~)	หลอมเหลว	lŏrm lĕo
canyon (m)	หุบเขาลึก	hùp khăo léuk
défilé (m) (gorge)	ช่องเขา	chôrng khăo
crevasse (f)	รอยแตกภูเขา	roi dtàek phoo khăo
précipice (m)	หุบเหวลึก	hùp wăy léuk

col (m) de montagne	ทางผ่าน	thaang phàan
plateau (m)	ที่ราบสูง	thêe râap sŏong
rocher (m)	หน้าผา	nâa phăa
colline (f)	เนินเขา	nern khăo

glacier (m)	ธารน้ำแข็ง	thaan náam khăeng
chute (f) d'eau	น้ำตก	nám dtòk
geyser (m)	น้ำพุร้อน	nám phú rórn
lac (m)	ทะเลสาบ	thá-lay sàap

plaine (f)	ที่ราบ	thêe râap
paysage (m)	ภูมิทัศน์	phoom thát
écho (m)	เสียงสะท้อน	sĭang sà-thón

alpiniste (m)	นักปีนเขา	nák bpeen khăo
varappeur (m)	นักไต่เขา	nák dtài khăo
conquérir (vt)	ไต่เขาถึงยอด	dtài khăo thĕung yôt
ascension (f)	การปีนเขา	gaan bpeen khăo

169. Les fleuves

rivière (f), fleuve (m)	แม่น้ำ	mâe náam
source (f)	แหล่งน้ำแร่	làeng náam râe
lit (m) (d'une rivière)	เส้นทางแม่น้ำ	sên thaang mâe náam
bassin (m)	ลุ่มน้ำ	lûm náam
se jeter dans ...	ไหลไปสู่...	lăi bpai sòo...

affluent (m)	สาขา	săa-khăa
rive (f)	ฝั่งแม่น้ำ	fàng mâe náam

courant (m)	กระแสน้ำ	grà-săe náam
en aval	ตามกระแสน้ำ	dtaam grà-săe náam
en amont	ทวนน้ำ	thuan náam

inondation (f)	น้ำท่วม	nám thûam
les grandes crues	น้ำทวม	nám thûam
déborder (vt)	เอ่อล้น	èr lón
inonder (vt)	ท่วม	thûam

bas-fond (m)	บริเวณน้ำตื้น	bor-rí-wayn nám dtêun
rapide (m)	กระแสน้ำเชี่ยว	grà-săe nám-chîeow

barrage (m)	เขื่อน	khèuan
canal (m)	คลอง	khlorng
lac (m) de barrage	ที่เก็บกักน้ำ	thêe gèp gàk náam
écluse (f)	ประตูระบายน้ำ	bprà-dtoo rá-baai náam
plan (m) d'eau	พื้นน้ำ	phéun náam
marais (m)	บึง	beung

fondrière (f)	ห้วย	hûay
tourbillon (m)	น้ำวน	nám won
ruisseau (m)	ลำธาร	lam thaan
potable (adj)	น้ำดื่มได้	nám dèum dâai
douce (l'eau ~)	น้ำจืด	nám jèut
glace (f)	น้ำแข็ง	nám khăeng
être gelé	แช่แข็ง	châe khăeng

170. La forét

forêt (f)	ป่าไม้	bpàa máai
forestier (adj)	ป่า	bpàa
fourré (m)	ป่าทึบ	bpàa théup
bosquet (m)	ป่าละเมาะ	bpàa lá-mór
clairière (f)	ทุ่งโล่ง	thûng lôhng
broussailles (f pl)	ป่าละเมาะ	bpàa lá-mór
taillis (m)	ป่าละเมาะ	bpàa lá-mór
sentier (m)	ทางเดิน	thaang dern
ravin (m)	ร่องธาร	rông thaan
arbre (m)	ต้นไม้	dtôn máai
feuille (f)	ใบไม้	bai máai
feuillage (m)	ใบไม้	bai máai
chute (f) de feuilles	ใบไม้ร่วง	bai máai rûang
tomber (feuilles)	ร่วง	rûang
sommet (m)	ยอด	yôrt
rameau (m)	กิ่ง	gìng
branche (f)	ก้านไม้	gâan mái
bourgeon (m)	ยอดอ่อน	yôrt òrn
aiguille (f)	เข็ม	khĕm
pomme (f) de pin	ลูกสน	lôok sŏn
creux (m)	โพรงไม้	phrohng máai
nid (m)	รัง	rang
terrier (m) (~ d'un renard)	โพรง	phrohng
tronc (m)	ลำต้น	lam dtôn
racine (f)	ราก	râak
écorce (f)	เปลือกไม้	bplèuak máai
mousse (f)	มอส	môt
déraciner (vt)	ถอนราก	thŏrn râak
abattre (un arbre)	โค่น	khôhn
déboiser (vt)	ตัดไม้ทำลายป่า	dtàt mái tham laai bpàa
souche (f)	ตอไม้	dtor máai
feu (m) de bois	กองไฟ	gorng fai
incendie (m)	ไฟป่า	fai bpàa

éteindre (feu)	ดับไฟ	dàp fai
garde (m) forestier	เจ้าหน้าที่ดูแลป่า	jâo nâa-thêe doo lae bpàa
protection (f)	การปกป้อง	gaan bpòk bpôrng
protéger (vt)	ปกป้อง	bpòk bpôrng
braconnier (m)	นักลอบล่าสัตว์	nák lôrp lâa sàt
piège (m) à mâchoires	กับดักเหล็ก	gàp dàk lèk
cueillir (vt)	เก็บ	gèp
s'égarer (vp)	หลงทาง	lŏng thaang

171. Les ressources naturelles

ressources (f pl) naturelles	ทรัพยากรธรรมชาติ	sáp-pá-yaa-gon tham-má-châat
minéraux (m pl)	แร่	râe
gisement (m)	ตะกอน	dtà-gorn
champ (m) (~ pétrolifère)	บ่อ	bòr
extraire (vt)	ขุดแร่	khùt râe
extraction (f)	การขุดแร่	gaan khùt râe
minerai (m)	แร่	râe
mine (f) (site)	เหมืองแร่	mĕuang râe
puits (m) de mine	ช่องเหมือง	chôrng mĕuang
mineur (m)	คนงานเหมือง	khon ngaan mĕuang
gaz (m)	แก๊ส	gáet
gazoduc (m)	ท่อแก๊ส	thôr gáet
pétrole (m)	น้ำมัน	nám man
pipeline (m)	ท่อน้ำมัน	thôr náam man
tour (f) de forage	บ่อน้ำมัน	bòr náam man
derrick (m)	ปั้นจั่นขนาดใหญ่	bpân jàn khà-nàat yài
pétrolier (m)	เรือบรรทุกน้ำมัน	reua ban-thúk nám man
sable (m)	ทราย	saai
calcaire (m)	หินปูน	hĭn bpoon
gravier (m)	กรวด	grùat
tourbe (f)	พีต	phêet
argile (f)	ดินเหนียว	din nĭeow
charbon (m)	ถ่านหิน	thàan hĭn
fer (m)	เหล็ก	lèk
or (m)	ทอง	thorng
argent (m)	เงิน	ngern
nickel (m)	นิเกิล	ní-gêrn
cuivre (m)	ทองแดง	thorng daeng
zinc (m)	สังกะสี	săng-gà-sĕe
manganèse (m)	แมงกานีส	maeng-gaa-nêet
mercure (m)	ปรอท	bpa -ròrt
plomb (m)	ตะกั่ว	dtà-gùa
minéral (m)	แร่	râe
cristal (m)	ผลึก	phà-lèuk

| marbre (m) | หินอ่อน | hǐn òrn |
| uranium (m) | ยูเรเนียม | yoo-ray-niam |

La Terre. Partie 2

172. Le temps

temps (m)	สภาพอากาศ	sà-phâap aa-gàat
météo (f)	พยากรณ์	phá-yaa-gon
	สภาพอากาศ	sà-phâap aa-gàat
température (f)	อุณหภูมิ	un-hà-phoom
thermomètre (m)	ปรอทวัดอุณหภูมิ	bpà-ròrt wát un-hà-phoom
baromètre (m)	เครื่องวัดความดัน	khrêuang wát khwaam dan
	บรรยากาศ	ban-yaa-gàat
humide (adj)	ชื้น	chéun
humidité (f)	ความชื้น	khwaam chéun
chaleur (f) (canicule)	ความร้อน	khwaam rórn
torride (adj)	ร้อน	rórn
il fait très chaud	มันร้อน	man rórn
il fait chaud	มันอุ่น	man ùn
chaud (modérément)	อุ่น	ùn
il fait froid	อากาศเย็น	aa-gàat yen
froid (adj)	เย็น	yen
soleil (m)	ดวงอาทิตย์	duang aa-thít
briller (soleil)	ส่องแสง	sòrng săeng
ensoleillé (jour ~)	มีแสงแดด	mee săeng dàet
se lever (vp)	ขึ้น	khêun
se coucher (vp)	ตก	dtòk
nuage (m)	เมฆ	mâyk
nuageux (adj)	มีเมฆมาก	mee mâyk mâak
nuée (f)	เมฆฝน	mâyk fŏn
sombre (adj)	มืดครึ้ม	mêut khréum
pluie (f)	ฝน	fŏn
il pleut	ฝนตก	fŏn dtòk
pluvieux (adj)	ฝนตก	fŏn dtòk
bruiner (v imp)	ฝนปรอย	fŏn bproi
pluie (f) torrentielle	ฝนตกหนัก	fŏn dtòk nàk
averse (f)	ฝนห่าใหญ่	fŏn hàa yài
forte (la pluie ~)	หนัก	nàk
flaque (f)	หลมน้ำ	lòm nám
se faire mouiller	เปียก	bpìak
brouillard (m)	หมอก	mòrk
brumeux (adj)	หมอกจัด	mòrk jàt
neige (f)	หิมะ	hì-má
il neige	หิมะตก	hì-má dtòk

173. Les intempéries. Les catastrophes naturelles

orage (m)	พายุฟ้าคะนอง	phaa-yú fáa khá-nong
éclair (m)	ฟ้าผ่า	fáa phàa
éclater (foudre)	แลบ	lâep
tonnerre (m)	ฟ้าคะนอง	fáa khá-norng
gronder (tonnerre)	มีฟ้าคะนอง	mee fáa khá-norng
le tonnerre gronde	มีฟ้าร้อง	mee fáa rórng
grêle (f)	ลูกเห็บ	lôok hèp
il grêle	มีลูกเห็บตก	mee lôok hèp dtòk
inonder (vt)	ท่วม	thûam
inondation (f)	น้ำท่วม	nám thûam
tremblement (m) de terre	แผ่นดินไหว	phàen din wǎi
secousse (f)	ไหว	wǎi
épicentre (m)	จุดเหนือศูนย์แผ่นดินไหว	jùt nĕua sŏon phàen din wǎi
éruption (f)	ภูเขาไฟระเบิด	phoo khǎo fai rá-bèrt
lave (f)	ลาวา	laa-waa
tourbillon (m)	พายุหมุน	phaa-yú mŭn
tornade (f)	พายุทอร์เนโด	phaa-yú thor-nay-doh
typhon (m)	พายุไต้ฝุ่น	phaa-yú dtâi fùn
ouragan (m)	พายุเฮอร์ริเคน	phaa-yú her-rí-khayn
tempête (f)	พายุ	phaa-yú
tsunami (m)	คลื่นสึนามิ	khlêun sèu-naa-mí
cyclone (m)	พายุไซโคลน	phaa-yú sai-khlohn
intempéries (f pl)	อากาศไม่ดี	aa-gàat mâi dee
incendie (m)	ไฟไหม้	fai mâi
catastrophe (f)	ความหายนะ	khwaam hăa-yá-ná
météorite (m)	อุกกาบาต	ùk-gaa-bàat
avalanche (f)	หิมะถล่ม	hì-má thà-lòm
éboulement (m)	หิมะถล่ม	hì-má thà-lòm
blizzard (m)	พายุหิมะ	phaa-yú hì-má
tempête (f) de neige	พายุหิมะ	phaa-yú hì-má

La faune

174. Les mammifères. Les prédateurs

prédateur (m)	สัตว์กินเนื้อ	sàt gin néua
tigre (m)	เสือ	sĕua
lion (m)	สิงโต	sĭng dtoh
loup (m)	หมาป่า	măa bpàa
renard (m)	หมาจิ้งจอก	măa jîng-jòk

jaguar (m)	เสือจากัวร์	sĕua jaa-gua
léopard (m)	เสือดาว	sĕua daao
guépard (m)	เสือชีตาห์	sĕua chee-dtaa

panthère (f)	เสือดำ	sĕua dam
puma (m)	สิงโตภูเขา	sĭng-dtoh phoo khăo
léopard (m) de neiges	เสือดาวหิมะ	sĕua daao hì-má
lynx (m)	แมวป่า	maew bpàa

coyote (m)	โคโยตี้	khoh-yoh-dtêe
chacal (m)	หมาจิ้งจอกทอง	măa jîng-jòk thorng
hyène (f)	ไฮยีนา	hai-yee-naa

175. Les animaux sauvages

| animal (m) | สัตว์ | sàt |
| bête (f) | สัตว์ | sàt |

écureuil (m)	กระรอก	grà rôk
hérisson (m)	เม่น	mâyn
lièvre (m)	กระต่ายป่า	grà-dtàai bpàa
lapin (m)	กระต่าย	grà-dtàai

blaireau (m)	แบดเจอร์	baet-jer
raton (m)	แร็คคูน	ráek khoon
hamster (m)	หนูแฮมสเตอร์	nŏo haem-sà-dtêr
marmotte (f)	มารมอต	maa-môt

taupe (f)	ตุ่น	dtùn
souris (f)	หนู	nŏo
rat (m)	หนู	nŏo
chauve-souris (f)	ค้างคาว	kháang khaao

hermine (f)	เออร์มิน	er-min
zibeline (f)	เซเบิล	say bern
martre (f)	มารเทิน	maa thern
belette (f)	เพียงพอนสีน้ำตาล	phiang phon sĕe nám dtaan
vison (m)	เพียงพอน	phiang phorn

| castor (m) | ปีเวอร์ | bee-wer |
| loutre (f) | นาก | nâak |

cheval (m)	ม้า	máa
élan (m)	กวางมูส	gwaang môot
cerf (m)	กวาง	gwaang
chameau (m)	อูฐ	òot

bison (m)	วัวป่า	wua bpàa
aurochs (m)	วัวป่าออรอช	wua bpàa or rôt
buffle (m)	ควาย	khwaai

zèbre (m)	ม้าลาย	máa laai
antilope (f)	แอนทีโลป	aen-thi-lòp
chevreuil (m)	กวางโรเดียร์	gwaang roh-dia
biche (f)	กวางแฟลโลว์	gwaang flae-loh
chamois (m)	เลียงผา	liang-phǎa
sanglier (m)	หมูป่า	mǒo bpàa

baleine (f)	วาฬ	waan
phoque (m)	แมวน้ำ	maew náam
morse (m)	ช้างน้ำ	cháang náam
ours (m) de mer	แมวน้ำมีขน	maew náam mee khǒn
dauphin (m)	โลมา	loh-maa

ours (m)	หมี	měe
ours (m) blanc	หมีขั้วโลก	měe khûa lôhk
panda (m)	หมีแพนดา	měe phaen-dâa

singe (m)	ลิง	ling
chimpanzé (m)	ลิงชิมแปนซี	ling chim-bpaen-see
orang-outang (m)	ลิงอุรังอุตัง	ling u-rang-u-dtang
gorille (m)	ลิงกอริลลา	ling gor-rin-lâa
macaque (m)	ลิงแม็กแคก	ling mâk-khâk
gibbon (m)	ชะนี	chá-nee

éléphant (m)	ช้าง	cháang
rhinocéros (m)	แรด	râet
girafe (f)	ยีราฟ	yee-râaf
hippopotame (m)	ฮิปโปโปเตมัส	híp-bpoh-bpoh-dtay-mát

| kangourou (m) | จิงโจ้ | jing-jôh |
| koala (m) | หมีโคอาล่า | měe khoh aa lâa |

mangouste (f)	พังพอน	phang phon
chinchilla (m)	ชินชิลลา	khin-khin laa
mouffette (f)	สกังก์	sà-gang
porc-épic (m)	เมน	mâyn

176. Les animaux domestiques

chat (m) (femelle)	แมวตัวเมีย	maew dtua mia
chat (m) (mâle)	แมวตัวผู้	maew dtua phôo
chien (m)	สุนัข	sù-nák

cheval (m)	ม้า	máa
étalon (m)	ม้าตัวผู้	máa dtua phôo
jument (f)	ม้าตัวเมีย	máa dtua mia
vache (f)	วัว	wua
taureau (m)	กระทิง	grà-thing
bœuf (m)	วัว	wua
brebis (f)	แกะตัวเมีย	gàe dtua mia
mouton (m)	แกะตัวผู้	gàe dtua phôo
chèvre (f)	แพะตัวเมีย	pháe dtua mia
bouc (m)	แพะตัวผู้	pháe dtua phôo
âne (m)	ลา	laa
mulet (m)	ลอ	lôr
cochon (m)	หมู	mǒo
pourceau (m)	ลูกหมู	lôok mǒo
lapin (m)	กระต่าย	grà-dtàai
poule (f)	ไก่ตัวเมีย	gài dtua mia
coq (m)	ไก่ตัวผู้	gài dtua phôo
canard (m)	เป็ดตัวเมีย	bpèt dtua mia
canard (m) mâle	เป็ดตัวผู้	bpèt dtua phôo
oie (f)	ห่าน	hàan
dindon (m)	ไก่งวงตัวผู้	gài nguang dtua phôo
dinde (f)	ไก่งวงตัวเมีย	gài nguang dtua mia
animaux (m pl) domestiques	สัตว์เลี้ยง	sàt líang
apprivoisé (adj)	เลี้ยง	líang
apprivoiser (vt)	เชื่อง	chêuang
élever (vt)	ขยายพันธุ์	khà-yǎai phan
ferme (f)	ฟาร์ม	faam
volaille (f)	สัตว์ปีก	sàt bpèek
bétail (m)	วัวควาย	wua khwaai
troupeau (m)	ฝูง	fǒong
écurie (f)	คอกม้า	khôrk máa
porcherie (f)	คอกหมู	khôrk mǒo
vacherie (f)	คอกวัว	khôrk wua
cabane (f) à lapins	คอกกระต่าย	khôrk grà-dtàai
poulailler (m)	เล้าไก่	láo gài

177. Le chien. Les races

chien (m)	สุนัข	sù-nák
berger (m)	สุนัขเลี้ยงแกะ	sù-nák líang gàe
berger (m) allemand	เยอรมันเชฟเฟิร์ด	yer-rá-man chayf-fêrt
caniche (f)	พูเดิ้ล	phoo dêrn
teckel (m)	ดัชชุน	dàt chun
bouledogue (m)	บูลด็อก	boon dòrk

boxer (m)	บ็อกเซอร์	bòk-sêr
mastiff (m)	มัสตีฟ	mát-dtèef
rottweiler (m)	ร็อตไวเลอร์	rót-wai-ler
doberman (m)	โดเบอร์แมน	doh-ber-maen

basset (m)	บาสเซ็ต	bàat-sét
bobtail (m)	บ็อบเทล	bòp-thayn
dalmatien (m)	ดัลเมเชียน	dan-may-chian
cocker (m)	ค็อกเกอร์สเปเนียล	khórk-gêr sà-bpay-nian

| terre-neuve (m) | นิวฟาวน์ดฮาวน์ดแลนด์ | niw-faao-dà-haao-dà-lăen |
| saint-bernard (m) | เซนต์เบอร์นารด | sayn ber nâat |

husky (m)	ฮัสกี้	hát-gêe
chow-chow (m)	เชาเชา	chao chao
spitz (m)	สูปิตซ์	sà-bpìt
carlin (m)	ปัก	bpák

178. Les cris des animaux

aboiement (m)	เสียงเห่า	sìang hào
aboyer (vi)	เห่า	hào
miauler (vi)	ร้องเหมียว	rórng mĭeow
ronronner (vi)	ทำเสียงคราง	tham sìang khraang

meugler (vi)	ร้องมอๆ	rórng mor mor
beugler (taureau)	ส่งเสียงคำราม	sòng sĭang kham-raam
rugir (chien)	โฮก	hôhk

hurlement (m)	เสียงหอน	sĭang hŏn
hurler (loup)	หอน	hŏrn
geindre (vi)	ครางหงิงๆ	khraang ngĭng ngĭng

bêler (vi)	ร้องแบะๆ	rórng bàe bàe
grogner (cochon)	ร้องอูดๆ	rórng ùut ùut
glapir (cochon)	ร้องเสียงแหลม	rórng sĭang lăem

coasser (vi)	ร้องอ็อบๆ	rórng ôp ôp
bourdonner (vi)	หึ่ง	hèung
striduler (vi)	ทำเสียงจ็อกแจ๊ก	tham sĭang jòrk jáek

179. Les oiseaux

oiseau (m)	นก	nók
pigeon (m)	นกพิราบ	nók phí-râap
moineau (m)	นกกระจิบ	nók grà-jìp
mésange (f)	นกติ๊ด	nók dtít
pie (f)	นกสาลิกา	nók săa-lí gaa

corbeau (m)	นกอีกา	nók ee-gaa
corneille (f)	นกกา	nók gaa
choucas (m)	นกจำพวกกา	nók jam phûak gaa

freux (m)	นกการู๊ค	nók gaa róok
canard (m)	เป็ด	bpèt
oie (f)	ห่าน	hàan
faisan (m)	ไก่ฟ้า	gài fáa
aigle (m)	นกอินทรี	nók in-see
épervier (m)	นกเหยี่ยว	nók yìeow
faucon (m)	นกเหยี่ยว	nók yìeow
vautour (m)	นกแร้ง	nók ráeng
condor (m)	นกแร้งขนาดใหญ่	nók ráeng kà-nàat yài
cygne (m)	นกหงส์	nók hŏng
grue (f)	นกกระเรียน	nók grà rian
cigogne (f)	นกกระสา	nók grà-sǎa
perroquet (m)	นกแก้ว	nók gâew
colibri (m)	นกฮัมมิ่งเบิร์ด	nók ham-mîng-bèrt
paon (m)	นกยูง	nók yoong
autruche (f)	นกกระจอกเทศ	nók grà-jòrk-thâyt
héron (m)	นกยาง	nók yaang
flamant (m)	นกฟลามิงโก	nók flaa-ming-goh
pélican (m)	นกกระทุง	nók-grà-thung
rossignol (m)	นกไนติงเกล	nók-nai-dting-gayn
hirondelle (f)	นกนางแอ่น	nók naang-àen
merle (m)	นกเดินดง	nók dern dong
grive (f)	นกเดินดงร้องเพลง	nók dern dong rórng phlayng
merle (m) noir	นกเดินดงสีดำ	nók-dern-dong sěe dam
martinet (m)	นกแอ่น	nók àen
alouette (f) des champs	นกลาร์ค	nók lâak
caille (f)	นกคุ่ม	nók khûm
pivert (m)	นกหัวขวาน	nók hǔa khwǎan
coucou (m)	นกดุเหว่า	nók dù hǎy wâa
chouette (f)	นกฮูก	nók hôok
hibou (m)	นกเค้าใหญ่	nók kháo yài
tétras (m)	ไก่ป่า	gài bpàa
tétras-lyre (m)	ไก่ดำ	gài dam
perdrix (f)	นกกระทา	nók-grà-thaa
étourneau (m)	นกกิ้งโครง	nók-gîng-khrohng
canari (m)	นกขมิ้น	nók khà-mîn
gélinotte (f) des bois	ไก่น้ำตาล	gài nám dtaan
pinson (m)	นกจาบ	nók-jàap
bouvreuil (m)	นกบูลฟินช์	nók boon-fin
mouette (f)	นกนางนวล	nók naang-nuan
albatros (m)	นกอัลบาทรอส	nók an-baa-thrôt
pingouin (m)	นกเพนกวิน	nók phayn-gwin

180. Les oiseaux. Le chant, les cris

chanter (vi)	ร้องเพลง	rórng phlayng
crier (vi)	ร้อง	rórng
chanter (le coq)	รองขัน	rórng khǎn
cocorico (m)	เสียงขัน	sǐang khǎn
glousser (vi)	ร้องกุ๊กๆ	rórng gúk gúk
croasser (vi)	ร้องเสียงกาๆ	rórng sǐang gaa gaa
cancaner (vi)	ร้องกาบๆ	rórng gâap gâap
piauler (vi)	ร้องเสียงจิ๊บ ๆ	rórng sǐang jíp jíp
pépier (vi)	รองจอกแจก	rórng jòk jáek

181. Les poissons. Les animaux marins

brème (f)	ปลาบรีม	bplaa bpreem
carpe (f)	ปลาคารูป	bplaa khâap
perche (f)	ปลาเพิร์ช	bplaa phêrt
silure (m)	ปลาดุก	bplaa-dùk
brochet (m)	ปลาไพค์	bplaa phai
saumon (m)	ปลาแซลมอน	bplaa saen-morn
esturgeon (m)	ปลาสเตอร์เจียน	bpláa sà-dtêr jian
hareng (m)	ปลาเฮอร์ริง	bplaa her-ring
saumon (m) atlantique	ปลาแซลมอนแอตแลนติก	bplaa saen-mon àet-laen-dtìk
maquereau (m)	ปลาซาบะ	bplaa saa-bà
flet (m)	ปลาลิ้นหมา	bplaa lín-mǎa
sandre (f)	ปลาไพค์เพิร์ช	bplaa phái phert
morue (f)	ปลาค็อด	bplaa khót
thon (m)	ปลาทูนา	bplaa thoo-nâa
truite (f)	ปลาเทราท์	bplaa thrau
anguille (f)	ปลาไหล	bplaa lǎi
torpille (f)	ปลากระเบนไฟฟ้า	bplaa grà-bayn-fai-fáa
murène (f)	ปลาไหลมอเรย์	bplaa lǎi mor-ray
piranha (m)	ปลาปิรันยา	bplaa bpì-ran-yâa
requin (m)	ปลาฉลาม	bplaa chà-lǎam
dauphin (m)	โลมา	loh-maa
baleine (f)	วาฬ	waan
crabe (m)	ปู	bpoo
méduse (f)	แมงกะพรุน	maeng gà-phrun
pieuvre (f), poulpe (m)	ปลาหมึก	bplaa mèuk
étoile (f) de mer	ปลาดาว	bplaa daao
oursin (m)	หอยเม่น	hǒi mâyn
hippocampe (m)	ม้าน้ำ	máa nám
huître (f)	หอยนางรม	hǒi naang rom
crevette (f)	กุ้ง	gûng

homard (m)	กุ้งมังกร	gûng mang-gon
langoustine (f)	กุ้งมังกร	gûng mang-gon

182. Les amphibiens. Les reptiles

serpent (m)	งู	ngoo
venimeux (adj)	พิษ	phít
vipère (f)	งูแมวเซา	ngoo maew sao
cobra (m)	งูเห่า	ngoo hào
python (m)	งูเหลือม	ngoo lĕuam
boa (m)	งูโบอา	ngoo boh-aa
couleuvre (f)	งูเล็กที่ไม่เป็นอันตราย	ngoo lék thêe mâi bpen an-dtà-raai
serpent (m) à sonnettes	งูหางกระดิ่ง	ngoo hăang grà-dìng
anaconda (m)	งูอนาคอนดา	ngoo a -naa-khon-daa
lézard (m)	กิ้งก่า	gîng-gàa
iguane (m)	อีกัวนา	ee gua naa
varan (m)	กิ้งกามอนิเตอร์	gîng-gàa mor-ní-dtêr
salamandre (f)	ซาลาแมนเดอร์	saa-laa-maen-dêr
caméléon (m)	กิ้งกาคามิเลียน	gîng-gàa khaa-mí-lian
scorpion (m)	แมงป่อง	maeng bpòrng
tortue (f)	เต่า	dtào
grenouille (f)	กบ	gòp
crapaud (m)	คางคก	khaang-kók
crocodile (m)	จระเข้	jor-rá-khây

183. Les insectes

insecte (m)	แมลง	má-laeng
papillon (m)	ผีเสื้อ	phĕe sêua
fourmi (f)	มด	mót
mouche (f)	แมลงวัน	má-laeng wan
moustique (m)	ยุง	yung
scarabée (m)	แมลงปีกแข็ง	má-laeng bpèek khăeng
guêpe (f)	ต่อ	dtòr
abeille (f)	ผึ้ง	phêung
bourdon (m)	ผึ้งบัมเบิลบี	phêung bam-bern bee
œstre (m)	เหลือบ	lèuap
araignée (f)	แมงมุม	maeng mum
toile (f) d'araignée	ใยแมงมุม	yai maeng mum
libellule (f)	แมลงปอ	má-laeng bpor
sauterelle (f)	ตั๊กแตน	dták-gà-dtaen
papillon (m)	ผีเสื้อกลางคืน	phĕe sêua glaang kheun
cafard (m)	แมลงสาบ	má-laeng sàap
tique (f)	เห็บ	hèp

| puce (f) | หมัด | màt |
| moucheron (m) | ริ้น | rín |

criquet (m)	ตั๊กแตน	dták-gà-dtaen
escargot (m)	หอยทาก	hŏi thâak
grillon (m)	จิ้งหรีด	jîng-rèet
luciole (f)	หิ่งห้อย	hìng-hôi
coccinelle (f)	แมลงเต่าทอง	má-laeng dtào thorng
hanneton (m)	แมงอีนูน	maeng ee noon

sangsue (f)	ปลิง	bpling
chenille (f)	บุ้ง	bûng
ver (m)	ไส้เดือน	sâi deuan
larve (f)	ตัวอ่อน	dtua òrn

184. Les parties du corps des animaux

bec (m)	จงอยปาก	ja-ngoi bpàak
ailes (f pl)	ปีก	bpèek
patte (f)	เท้า	tháo
plumage (m)	ขนนก	khŏn nók
plume (f)	ขนนก	khŏn nók
houppe (f)	ขนหัว	khŏn hŭa

ouïes (f pl)	เหงือก	ngèuak
œufs (m pl)	ไข่ปลา	khài-bplaa
larve (f)	ตัวอ่อน	dtua òrn
nageoire (f)	ครีบ	khrêep
écaille (f)	เกล็ด	glèt

croc (m)	เขี้ยว	khîeow
patte (f)	เท้า	tháo
museau (m)	จมูกและปาก	jà-mòok láe bpàak
gueule (f)	ปาก	bpàak
queue (f)	หาง	hăang
moustaches (f pl)	หนวด	nùat

| sabot (m) | กีบ | gèep |
| corne (f) | เขา | khăo |

carapace (f)	กระดอง	grà dorng
coquillage (m)	เปลือก	bplèuak
coquille (f) d'œuf	เปลือกไข่	bplèuak khài

| poil (m) | ขน | khŏn |
| peau (f) | หนัง | năng |

185. Les habitats des animaux

habitat (m) naturel	ที่อยู่อาศัย	thêe yòo aa-săi
migration (f)	การอพยพ	gaan òp-phá-yóp
montagne (f)	ภูเขา	phoo khăo

| récif (m) | แนวปะการัง | naew bpà-gaa-rang |
| rocher (m) | หนาผา | nâa phǎa |

forêt (f)	ป่า	bpàa
jungle (f)	ป่าดิบชื้น	bpàa dìp chéun
savane (f)	สะวันนา	sà wan naa
toundra (f)	ทันดรา	than-draa

steppe (f)	ทุ่งหญ้าสเตปป์	thûng yâa sà-dtàyp
désert (m)	ทะเลทราย	thá-lay saai
oasis (f)	โอเอซิส	oh-ay-sít

mer (f)	ทะเล	thá-lay
lac (m)	ทะเลสาบ	thá-lay sàap
océan (m)	มหาสมุทร	má-hǎa sà-mùt

marais (m)	บึง	beung
d'eau douce (adj)	น้ำจืด	nám jèut
étang (m)	บ่อน้ำ	bòr náam
rivière (f), fleuve (m)	แม่น้ำ	mâe náam

tanière (f)	ถ้ำสัตว์	thâm sàt
nid (m)	รัง	rang
creux (m)	โพรงไม้	phrohng máai
terrier (m) (~ d'un renard)	โพรง	phrohng
fourmilière (f)	รังมด	rang mót

La flore

186. Les arbres

arbre (m)	ต้นไม้	dtôn máai
à feuilles caduques	ผลัดใบ	phlàt bai
conifère (adj)	สน	sǎn
à feuilles persistantes	ซึ่งเขียวชอุ่ม	sêung khǎeow chá-ùm
	ตลอดปี	dtà-lòrt bpee
pommier (m)	ต้นแอปเปิ้ล	dtôn àep-bpêrn
poirier (m)	ต้นแพร	dtôn phae
merisier (m)	ต้นเชอร์รี่ป่า	dtôn cher-rêe bpàa
cerisier (m)	ต้นเชอร์รี่	dtôn cher-rêe
prunier (m)	ตนพลัม	dtôn phlam
bouleau (m)	ต้นเบิร์ช	dtôn bèrt
chêne (m)	ต้นโอ๊ค	dtôn óhk
tilleul (m)	ตนไม้ดอกเหลือง	dtôn máai dòrk lǔuang
tremble (m)	ต้นแอสเพน	dtôn ae sà-phayn
érable (m)	ตนเมเปิ้ล	dtôn may bpêrn
épicéa (m)	ต้นเฟอร์	dtôn fer
pin (m)	ต้นเกี๊ยะ	dtôn gía
mélèze (m)	ตนลาร์ช	dtôn lâat
sapin (m)	ต้นเฟอร์	dtôn fer
cèdre (m)	ตนซีดาร์	dtôn-see-daa
peuplier (m)	ต้นปอปลาร์	dtôn bpor-bplaa
sorbier (m)	ตนโรแวน	dtôn-roh-waen
saule (m)	ต้นวิลโลว์	dtôn win-loh
aune (m)	ตนอัลเดอร์	dtôn an-dêr
hêtre (m)	ต้นบีช	dtôn bèet
orme (m)	ตนเอล์ม	dtôn elm
frêne (m)	ต้นแอช	dtôn aesh
marronnier (m)	ตนเกาลัด	dtôn gao lát
magnolia (m)	ต้นแมกโนเลีย	dtôn mâek-noh-lia
palmier (m)	ต้นปาล์ม	dtôn bpaam
cyprès (m)	ตนไซเปรส	dtôn-sai-bpràyt
palétuvier (m)	ต้นโกงกาง	dtôn gohng gaang
baobab (m)	ต้นเบาบับ	dtôn bao-bàp
eucalyptus (m)	ต้นยูคาลิปตัส	dtôn yoo-khaa-líp-dtàt
séquoia (m)	ตนสนซีดัวยา	dtôn sǎn see kua yaa

187. Les arbustes

buisson (m)	พุ่มไม้	phúm máai
arbrisseau (m)	ต้นไม้พุ่ม	dtôn máai phúm
vigne (f)	ต้นองุ่น	dtôn a-ngùn
vigne (f) (vignoble)	ไร่องุ่น	râi a-ngùn
framboise (f)	พุ่มราสเบอร์รี่	phúm râat-ber-rêe
cassis (m)	พุมแบล็คเคอร์แรนท์	phúm blàek-khêr-raen
groseille (f) rouge	พุมเรดเคอร์แรนท	phúm râyt-khêr-raen
groseille (f) verte	พุมกูสเบอรรี	phúm gòot-ber-rêe
acacia (m)	ต้นอาเคเชีย	dtôn aa-khay-chia
berbéris (m)	ตนบาร์เบอรรี	dtôn baa-ber-rêe
jasmin (m)	มะลิ	má-lí
genévrier (m)	ต้นจูนิเปอร์	dtôn joo-ní-bper
rosier (m)	พุมกุหลาบ	phúm gù làap
églantier (m)	พุมดอกโรส	phúm dòrk-rôht

188. Les champignons

champignon (m)	เห็ด	hèt
champignon (m) comestible	เห็ดกินได้	hèt gin dâai
champignon (m) vénéneux	เห็ดมีพิษ	hèt mee pít
chapeau (m)	ดอกเห็ด	dòrk hèt
pied (m)	ตนเห็ด	dtôn hèt
cèpe (m)	เห็ดพอร์ชินิ	hèt phor chí nee
bolet (m) orangé	เห็ดพอรชินิดอกเหลือง	hèt phor chí nee dòrk lûuang
bolet (m) bai	เห็ดตับเตวที่ขึ้นบนตนเบิรช	hèt dtàp dtào thêe khêun bon dtôn-bèrt
girolle (f)	เห็ดก่อเหลือง	hèt gòr lûuang
russule (f)	เห็ดตะไค	hèt dtà khai
morille (f)	เห็ดมอเรล	hèt mor rayn
amanite (f) tue-mouches	เห็ดพิษหมวกแดง	hèt phít mùak daeng
oronge (f) verte	เห็ดระโงกหิน	hèt rá ngôhk hǐn

189. Les fruits. Les baies

fruit (m)	ผลไม้	phǎn-lá-máai
fruits (m pl)	ผลไม	phǎn-lá-máai
pomme (f)	แอปเปิ้ล	àep-bpêrn
poire (f)	ลูกแพร	lôok phae
prune (f)	พลัม	phlam
fraise (f)	สตรอว์เบอร์รี่	sà-dtror-ber-rêe
cerise (f)	เชอรรี	cher-rêe

| merise (f) | เชอร์รี่ป่า | cher-rêe bpàa |
| raisin (m) | องุ่น | a-ngùn |

framboise (f)	ราสเบอร์รี่	râat-ber-rêe
cassis (m)	แบล็คเคอร์แรนท์	blàek khêr-raen
groseille (f) rouge	เรดเคอร์แรนท์	râyt-khêr-raen
groseille (f) verte	กูสเบอร์รี่	gòot-ber-rêe
canneberge (f)	แครนเบอร์รี่	khraen-ber-rêe

orange (f)	ส้ม	sôm
mandarine (f)	ส้มแมนดาริน	sôm maen daa rin
ananas (m)	สับปะรด	sàp-bpà-rót
banane (f)	กล้วย	glúay
datte (f)	อินทผลัม	in-thá-phâ-lam

citron (m)	เลมอน	lay-mon
abricot (m)	แอปริคอท	ae-bprì-khôrt
pêche (f)	ลูกท้อ	lôok thór
kiwi (m)	กีวี	gee wee
pamplemousse (m)	ส้มโอ	sôm oh

baie (f)	เบอร์รี่	ber-rêe
baies (f pl)	เบอร์รี่	ber-rêe
airelle (f) rouge	คาวเบอร์รี่	khaao-ber-rêe
fraise (f) des bois	สตรอว์เบอร์รี่ป่า	sá-dtrorw ber-rêe bpàa
myrtille (f)	บิลเบอร์รี่	bil-ber-rêe

190. Les fleurs. Les plantes

| fleur (f) | ดอกไม้ | dòrk máai |
| bouquet (m) | ช่อดอกไม้ | chôr dòrk máai |

rose (f)	ดอกกุหลาบ	dòrk gù làap
tulipe (f)	ดอกทิวลิป	dòrk thiw-líp
oeillet (m)	ดอกคาร์เนชั่น	dòrk khaa-nay-chân
glaïeul (m)	ดอกแกลดิโอลัส	dòrk gaen-dì-oh-lát

bleuet (m)	ดอกคอร์นฟลาวเวอร์	dòrk khon-flaao-wer
campanule (f)	ดอกระฆัง	dòrk rá-khang
dent-de-lion (f)	ดอกแดนดิไลออน	dòrk daen-dì-lai-on
marguerite (f)	ดอกคาโมมายล์	dòrk khaa-moh maai

aloès (m)	ว่านหางจระเข้	wâan-hǐ ang-jor-rá-khây
cactus (m)	ตะบองเพชร	dtà-bong-phét
ficus (m)	ตนเลียบ	dtôn lîap

lis (m)	ดอกลิลลี่	dòrk lí-lêe
géranium (m)	ดอกเจอราเนียม	dòrk jer-raa-niam
jacinthe (f)	ดอกไฮอะซินท์	dòrk hai-a-sin

mimosa (m)	ดอกไมยราบ	dòrk mai râap
jonquille (f)	ดอกนาร์ซิสซัส	dòrk naa-sít-sát
capucine (f)	ดอกแนสเตอูร์ชัม	dòrk nâet-dtêr-cham
orchidée (f)	ดอกกล้วยไม้	dòrk glúay máai

pivoine (f)	ดอกโบตั๋น	dòrk boh-dtǐ n
violette (f)	ดอกไวโอเล็ต	dòrk wai-oh-lét
pensée (f)	ดอกแพนซี	dòrk phaen-see
myosotis (m)	ดอกฟอร์เก็ตมีน็อต	dòrk for-gèt-mee-nót
pâquerette (f)	ดอกเดซี	dòrk day see
coquelicot (m)	ดอกป๊อปปี้	dòrk bpóp-bpêe
chanvre (m)	กัญชา	gan chaa
menthe (f)	สะระแหน่	sà-rá-nàe
muguet (m)	ดอกลิลลี่แห่งหุบเขา	dòrk lí-lá-lêe hàeng hùp khǐ o
perce-neige (f)	ดอกหยาดหิมะ	dòrk yàat hì-má
ortie (f)	ตำแย	dtam-yae
oseille (f)	ซอรเรล	sor-rayn
nénuphar (m)	บัว	bua
fougère (f)	เฟิร์น	fern
lichen (m)	ไลเคน	lai-khayn
serre (f) tropicale	เรือนกระจก	reuan grà-jòk
gazon (m)	สนามหญ้า	sà-nǐ am yâa
parterre (m) de fleurs	สนามดอกไม้	sà-nǐ am-dòrk-máai
plante (f)	พืช	phêut
herbe (f)	หญ้า	yâa
brin (m) d'herbe	ใบหญ้า	bai yâa
feuille (f)	ใบไม้	bai máai
pétale (m)	กลีบดอก	glèep dòrk
tige (f)	ลำต้น	lam dtôn
tubercule (m)	หัวใต้ดิน	hǒa dtâi din
pousse (f)	ต้นอ่อน	dtôn òrn
épine (f)	หนาม	nǐ am
fleurir (vi)	บาน	baan
se faner (vp)	เหี่ยว	hìeow
odeur (f)	กลิน	glìn
couper (vt)	ตัด	dtàt
cueillir (fleurs)	เด็ด	dèt

191. Les céréales

grains (m pl)	เมล็ด	má-lét
céréales (f pl) (plantes)	ธัญพืช	than-yá-phêut
épi (m)	รวงข้าว	ruang khâao
blé (m)	ข้าวสาลี	khâao sǐ a-lee
seigle (m)	ข้าวไรย์	khâao rai
avoine (f)	ข้าวโอต	khâao óht
millet (m)	ข้าวฟ่าง	khâao fâang
orge (f)	ข้าวบาร์เลย์	khâao baa-lây
maïs (m)	ข้าวโพด	khâao-phôht

riz (m)	ข้าว	khâao
sarrasin (m)	บัควีท	bàk-wêet
pois (m)	ถั่วลันเตา	thùa-lan-dtao
haricot (m)	ถั่วรูปไต	thùa rôop dtai
soja (m)	ถั่วเหลือง	thùa lûuang
lentille (f)	ถั่วเลนทิล	thùa layn thin
fèves (f pl)	ถั่ว	thùa

LA GÉOGRAPHIE RÉGIONALE

Les pays du monde. Les nationalités

192. La politique. Le gouvernement. Partie 1

politique (f)	การเมือง	gaan meuang
politique (adj)	ทางการเมือง	thang gaan meuang
homme (m) politique	นักการเมือง	nák gaan meuang
état (m)	รัฐ	rát
citoyen (m)	พลเมือง	phon-lá-meuang
citoyenneté (f)	สัญชาติ	săn-châat
armoiries (f pl) nationales	ตราประจำชาติ	dtraa bprà-jam châat
hymne (m) national	เพลงชาติ	phlayng châat
gouvernement (m)	รัฐบาล	rát-thà-baan
chef (m) d'état	ผู้นำประเทศ	phôo nam bprà-thâyt
parlement (m)	รัฐสภา	rát-thà-sà-phaa
parti (m)	พรรคการเมือง	phák gaan meuang
capitalisme (m)	ทุนนิยม	thun ní-yom
capitaliste (adj)	แบบทุนนิยม	bàep thun ní-yom
socialisme (m)	สังคมนิยม	săng-khom ní-yom
socialiste (adj)	แบบสังคมนิยม	bàep săng-khom ní-yom
communisme (m)	ลัทธิคอมมิวนิสต์	lát-thí khom-miw-nít
communiste (adj)	แบบคอมมิวนิสต์	bàep khom-miw-nít
communiste (m)	คนคอมมิวนิสต์	khon khom-miw-nít
démocratie (f)	ประชาธิปไตย	bprà-chaa-thíp-bpà-dtai
démocrate (m)	ผู้นิยมประชาธิปไตย	phôo ní-yom bprà-chaa-típ-bpà-dtai
démocratique (adj)	แบบประชาธิปไตย	bàep bprà-chaa-thíp-bpà-dtai
parti (m) démocratique	พรรคประชาธิปัตย์	phák bprà-chaa-tí-bpàt
libéral (m)	ผู้เอียงเสรีนิยม	phôo iang săy-ree ní-yom
libéral (adj)	แบบเสรีนิยม	bàep săy-ree ní-yom
conservateur (m)	ผู้เอียงอนุรักษ์นิยม	phôo iang a-nú rák ní-yom
conservateur (adj)	แบบอนุรักษ์นิยม	bàep a-nú rák ní-yom
république (f)	สาธารณรัฐ	săa-thaa-rá-ná rát
républicain (m)	รีพับลิกัน	ree pháp lí gan
parti (m) républicain	พรรครีพับลิกัน	phák ree-pháp-lí-gan
élections (f pl)	การเลือกตั้ง	gaan lêuak dtâng
élire (vt)	เลือก	lêuak

électeur (m)	ผู้ออกเสียงลงคะแนน	phôo òrk sĭang long khá-naen
campagne (f) électorale	การรณรงค์หาเสียง	gaan ron-ná-rorng hăa sĭang
vote (m)	การออกเสียงลงคะแนน	gaan òrk sĭang long khá-naen
voter (vi)	ลงคะแนน	long khá-naen
droit (m) de vote	สิทธิในการเลือกตั้ง	sìt-thí nai gaan lêuak dtâng
candidat (m)	ผู้สมัคร	phôo sà-màk
poser sa candidature	ลงสมัคร	long sà-màk
campagne (f)	การรณรงค์	gaan ron-ná-rorng
d'opposition (adj)	ฝ่ายค้าน	fàai kháan
opposition (f)	ฝ่ายคาน	fàai kháan
visite (f)	การเยือน	gaan yeuan
visite (f) officielle	การเยือนอย่างเป็นทางการ	gaan yeuan yàang bpen thaang gaan
international (adj)	แบบสากล	bàep săa-gon
négociations (f pl)	การเจรจา	gaan jayn-rá-jaa
négocier (vi)	เจรจา	jayn-rá-jaa

193. La politique. Le gouvernement. Partie 2

société (f)	สังคม	săng-khom
constitution (f)	รัฐธรรมนูญ	rát-thà-tham-má-noon
pouvoir (m)	อำนาจ	am-nâat
corruption (f)	การทุจริตคอรัปชั่น	gaan thút-jà-rìt khor-ráp-chân
loi (f)	กฎหมาย	gòt măai
légal (adj)	ทางกฎหมาย	thaang gòt măai
justice (f)	ความยุติธรรม	khwaam yút-dtì-tham
juste (adj)	เป็นธรรม	bpen tham
comité (m)	คณะกรรมการ	khá-ná gam-má-gaan
projet (m) de loi	ราง	râang
budget (m)	งบประมาณ	ngóp bprà-maan
politique (f)	นโยบาย	ná-yoh-baai
réforme (f)	ปฏิรูป	bpà-dtì rôop
radical (adj)	รุนแรง	run raeng
puissance (f)	กำลัง	gam-lang
puissant (adj)	ทรงพลัง	song phá-lang
partisan (m)	ผู้สนับสนุน	phôo sà-nàp-sà-nŭn
influence (f)	อิทธิพล	ìt-thí pon
régime (m)	ระบอบการปกครอง	rá-bòrp gaan bpòk khrorng
conflit (m)	ความขัดแย้ง	khwaam khàt yáeng
complot (m)	การคบคิด	gaan khóp khít
provocation (f)	การยั่วยุ	gaan yûa yú
renverser (le régime)	ล้มล้าง	lóm láang
renversement (m)	การล้ม	gaan lóm

révolution (f)	ปฏิวัติ	bpà-dtì-wát
coup (m) d'État	รัฐประหาร	rát-thà-bprà-hǎan
coup (m) d'État militaire	การยึดอำนาจ	gaan yéut am-nâat
	ด้วยกำลังทหาร	dûay gam-lang thá-hǎan

crise (f)	วิกฤติ	wí-grìt
baisse (f) économique	ภาวะเศรษฐกิจถดถอย	phaa-wá sàyt-thà-gìt thòt thǒi
manifestant (m)	ผู้ประท้วง	phôo bprà-thúang
manifestation (f)	การประท้วง	gaan bprà-thúang
loi (f) martiale	กฎอัยการศึก	gòt ai-yá-gaan sèuk
base (f) militaire	ฐานทัพ	thǎan tháp

| stabilité (f) | ความมั่นคง | khwaam mân-khong |
| stable (adj) | มั่นคง | mân khong |

| exploitation (f) | การขูดรีด | gaan khòot rêet |
| exploiter (vt) | ขูดรีด | khòot rêet |

racisme (m)	ดูตินิยมเชื้อชาติ	khá-dtì ní-yom chéua châat
raciste (m)	ผู้เหยียดผิว	phôo yìat phǐw
fascisme (m)	ลัทธิฟาสซิสต์	lát-thí fâat-sít
fasciste (m)	ผู้นิยมลัทธิฟาสซิสต์	phôo ní-yom lát-thí fâat-sít

194. Les différents pays du monde. Divers

étranger (m)	คนต่างชาติ	khon dtàang châat
étranger (adj)	ต่างชาติ	dtàang châat
à l'étranger (adv)	ต่างประเทศ	dtàang bprà-thâyt

émigré (m)	ผู้อพยพ	phôo òp-phá-yóp
émigration (f)	การอพยพ	gaan òp-phá-yóp
émigrer (vi)	อพยพ	òp-phá-yóp

Ouest (m)	ตะวันตก	dtà-wan dtòk
Est (m)	ตะวันออก	dtà-wan òrk
Extrême Orient (m)	ตะวันออกไกล	dtà-wan òrk glai

civilisation (f)	อารยธรรม	aa-rá-yá-tham
humanité (f)	มนุษยชาติ	má-nút-sà-yá-châat
monde (m)	โลก	lôhk
paix (f)	ความสงบสุข	khwaam sà-ngòp-sùk
mondial (adj)	ทั่วโลก	thûa lôhk

patrie (f)	บ้านเกิด	bâan gèrt
peuple (m)	ประชาชน	bprà-chaa chon
population (f)	ประชากร	bprà-chaa gon
gens (m pl)	ประชาชน	bprà-chaa chon
nation (f)	ชาติ	châat
génération (f)	รุ่น	rûn

territoire (m)	อาณาเขต	aa-naa khàyt
région (f)	ภูมิภาค	phoo-mí-phâak
état (m) (partie du pays)	รัฐ	rát
tradition (f)	ธรรมเนียม	tham-niam

| coutume (f) | ประเพณี | bprà-phay-nee |
| écologie (f) | นิเวศวิทยา | ní-wâyt wít-thá-yaa |

indien (m)	อินเดียนแดง	in-dian daeng
bohémien (m)	คนยิปซี	khon yíp-see
bohémienne (f)	คนยิปซี	khon yíp-see
bohémien (adj)	ยิปซี	yíp see

empire (m)	จักรวรรดิ	jàk-grà-wàt
colonie (f)	อาณานิคม	aa-naa ní-khom
esclavage (m)	การใช้แรงงานทาส	gaan chái raeng ngaan thâat
invasion (f)	การบุกรุก	gaan bùk rúk
famine (f)	ความอดอยาก	khwaam òt yàak

195. Les groupes religieux. Les confessions

| religion (f) | ศาสนา | sàat-sà-nǎa |
| religieux (adj) | ศาสนา | sàat-sà-nǎa |

foi (f)	ศรัทธา	sàt-thaa
croire (en Dieu)	นับถือ	náp thěu
croyant (m)	ผู้ศรัทธา	phôo sàt-thaa

athéisme (m)	อเทวนิยม	a-thay-wá ní-yom
athée (m)	ผู้เชื่อว่า	phôo chêua wâa
	ไม่มีพระเจ้า	mâi mee phrá jâo

christianisme (m)	ศาสนาคริสต์	sàat-sà-nǎa khrít
chrétien (m)	ผู้นับถือ	phôo náp thěu
	ศาสนาคริสต์	sàat-sà-nǎa khrít
chrétien (adj)	ศาสนาคริสต์	sàat-sà-nǎa khrít

catholicisme (m)	ศาสนาคาธอลิก	sàat-sà-nǎa khaa-thor-lík
catholique (m)	ผู้นับถือ	phôo náp thěu
	ศาสนาคาธอลิก	sàat-sà-nǎa khaa-thor-lík
catholique (adj)	คาธอลิก	khaa-thor-lík

protestantisme (m)	ศาสนา	sàat-sà-nǎa
	โปรแตสแตนท์	bproh-dtàet-dtaen
Église (f) protestante	โบสถ์นิกาย	bòht ní-gaai
	โปรแตสแตนท์	bproh-dtàet-dtaen
protestant (m)	ผู้นับถือศาสนา	phôo náp thěu sàat-sà-nǎa
	โปรแตสแตนท์	bproh-dtàet-dtaen

Orthodoxie (f)	ศาสนาออร์ทอดอกซ์	sàat-sà-nǎa or-thor-dòrk
Église (f) orthodoxe	โบสถ์ศาสนาออร์ทอดอกซ์	bòht sàat-sà-nǎa or-thor-dòrk
orthodoxe (m)	ผู้นับถือ	phôo náp thěu
	ศาสนาออร์ทอดอกซ์	sàat-sà-nǎa or-thor-dòrk

Presbytérianisme (m)	นิกายเพรสไบทีเรียน	ní-gaai phrayt-bai-thee-rian
Église (f) presbytérienne	โบสถ์นิกาย	bòht ní-gaai
	เพรสไบทีเรียน	phrayt-bai-thee-rian
presbytérien (m)	ผู้นับถือนิกาย	phôo náp thěu ní-gaai
	เพรสไบทีเรียน	phrayt bai thee rian

Église (f) luthérienne	นิกายลูเทอแรน	ní-gaai loo-thay-a-răen
luthérien (m)	ผู้นับถือนิกาย ลูเทอแรน	phôo náp thĕu ní-gaai loo-thay-a-răen
Baptisme (m)	นิกายแบ๊บติสท์	ní-gaai báep-dtìt
baptiste (m)	ผู้นับถือนิกาย แบบติสท	phôo náp thĕu ní-gaai báep-dtìt
Église (f) anglicane	โบสถ์นิกายแองกลิกัน	bòht ní-gaai ae-ngók-lí-gan
anglican (m)	ผู้นับถือนิกาย แองกลิกัน	phôo náp thĕu ní-gaai ae ngók lí gan
Mormonisme (m)	นิกายมอร์มอน	ní-gaai mor-mon
mormon (m)	ผู้นับถือนิกาย มอรมอน	phôo náp thĕu ní-gaai mor-mon
judaïsme (m)	ศาสนายิว	sàat-sà-năa yiw
juif (m)	คนยิว	khon yiw
Bouddhisme (m)	ศาสนาพุธ	sàat-sà-năa phút
bouddhiste (m)	ผู้นับถือ ศาสนาพุธ	phôo náp thĕu sàat-sà-năa phút
hindouisme (m)	ศาสนาฮินดู	sàat-sà-năa hin-doo
hindouiste (m)	ผู้นับถือ ศาสนาฮินดู	phôo náp thĕu sàat-sà-năa hin-doo
islam (m)	ศาสนาอิสลาม	sàat-sà-năa ìt-sà-laam
musulman (m)	ผู้นับถือ ศาสนาอิสลาม	phôo náp thĕu sàat-sà-năa ìt-sà-laam
musulman (adj)	มุสลิม	mút-sà-lim
Chiisme (m)	ศาสนา อิสลามนิกายชีอะฮ์	sàat-sà-năa ìt-sà-laam ní-gaai shi-à
chiite (m)	ผู้นับถือนิกายชีอะฮ์	phôo náp thĕu ní-gaai shi-à
Sunnisme (m)	ศาสนา อิสลามนิกายซุนนี	sàat-sà-năa ìt-sà-laam ní-gaai sun-nee
sunnite (m)	ผู้นับถือนิกาย ซุนนี	phôo náp thĕu ní-gaai sun-nee

196. Les principales religions. Le clergé

prêtre (m)	นักบวช	nák bùat
Pape (m)	พระสันตะปาปา	phrá săn-dtà-bpaa-bpaa
moine (m)	พระ	phrá
bonne sœur (f)	แม่ชี	mâe chee
pasteur (m)	ศาสนาจารย์	sàat-sà-năa-jaan
abbé (m)	เจ้าอาวาส	jâo aa-wâat
vicaire (m)	เจาอาวาส	jâo aa-wâat
évêque (m)	มุขนายก	múk naa-yók
cardinal (m)	พระคาร์ดินัล	phrá khaa-dì-nan

prédicateur (m)	นักเทศน์	nák thâyt
sermon (m)	การเทศนา	gaan thâyt-sà-năa
paroissiens (m pl)	ลูกวัด	lôok wát
croyant (m)	ผู้ศรัทธา	phôo sàt-thaa
athée (m)	ผู้เชื่อว่า	phôo chêua wâa
	ไม่มีพระเจ้า	mâi mee phrá jâo

197. La foi. Le Christianisme. L'Islam

Adam	อาดัม	aa-dam
Ève	เอวา	ay-waa
Dieu (m)	พระเจ้า	phrá jâo
le Seigneur	พระเจ้า	phrá jâo
le Tout-Puissant	พระผู้เป็นเจ้า	phrá phôo bpen jâo
péché (m)	บาป	bàap
pécher (vi)	ทำบาป	tham bàap
pécheur (m)	คนบาป	khon bàap
pécheresse (f)	คนบาป	khon bàap
enfer (m)	นรก	ná-rók
paradis (m)	สวรรค์	sà-wăn
Jésus	พระเยซู	phrá yay-soo
Jésus Christ	พระเยซูคริสต์	phrá yay-soo khrít
le Saint-Esprit	พระจิต	phrá jìt
le Sauveur	พระผู้ไถ่	phrá phôo thài
la Sainte Vierge	พระนางมารีย์	phrá naang maa ree
	พรหมจารี	phrom-má-jaa-ree
le Diable	มาร	maan
diabolique (adj)	ของมาร	khŏrng maan
Satan	ซาตาน	saa-dtaan
satanique (adj)	ซาตาน	saa-dtaan
ange (m)	เทวทูต	thay-wá-thôot
ange (m) gardien	เทวดาผู้	thay-wá-daa phôo
	คุมครอง	khúm khrorng
angélique (adj)	ของเทวดา	khŏrng thay-wá-daa
apôtre (m)	สาวก	săa-wók
archange (m)	หัวหน้าทูตสวรรค์	hŭa nâa thôot sà-wăn
antéchrist (m)	ศัตรูของพระคริสต์	sàt-dtroo khŏrng phrá khrít
Église (f)	โบสถ์	bòht
Bible (f)	คัมภีร์ไบเบิ้ล	kham-phee bai-bêrn
biblique (adj)	ไบเบิ้ล	bai-bêrn
Ancien Testament (m)	พันธสัญญาเดิม	phan-thá-săn-yaa derm
Nouveau Testament (m)	พันธสัญญาใหม่	phan-thá-săn-yaa mài
Évangile (m)	พระวรสาร	phrá won săan

Sainte Écriture (f)	พระคัมภีร์ไบเบิล	phrá kham-phee bai-bern
Cieux (m pl)	สวรรค์	sà-wǎn
commandement (m)	บัญญัติ	ban-yàt
prophète (m)	ผู้เผยพระวจนะ	phôo phǒie phrá wá-jà-ná
prophétie (f)	คำพยากรณ์	kham phá-yaa-gon
Allah	อัลลอฮ์	an-lor
Mahomet	พระมูฮัมหมัด	phrá moo ham màt
le Coran	อัลกุรอาน	an gù-rá-aan
mosquée (f)	สุเหร่า	sù-rào
mulla (m)	มุลละ	mun lá
prière (f)	บทสวดมนต์	bòt sùat mon
prier (~ Dieu)	สวด	sùat
pèlerinage (m)	การจาริกแสวงบุญ	gaan jaa-rík sà-wǎeng bun
pèlerin (m)	ผู้แสวงบุญ	phôo sà-wǎeng bun
La Mecque	มักกะฮ์	mák-gà
église (f)	โบสถ์	bòht
temple (m)	วิหาร	wí-hǎan
cathédrale (f)	มหาวิหาร	má-hǎa wí-hǎan
gothique (adj)	แบบโกธิก	bàep goh-thík
synagogue (f)	โบสถ์ของศาสนายิว	bòht khǒrng sàat-sà-nǎa yiw
mosquée (f)	สุเหร่า	sù-rào
chapelle (f)	ห้องสวดมนต์	hôrng sùat mon
abbaye (f)	วัด	wát
couvent (m)	สำนักแม่ชี	sǎm-nák mâe chee
monastère (m)	อาราม	aa raam
cloche (f)	ระฆัง	rá-khang
clocher (m)	หอระฆัง	hǒr rá-khang
sonner (vi)	ตีระฆัง	dtee rá-khang
croix (f)	ไม้กางเขน	mái gaang khǎyn
coupole (f)	หลังคาทรงโดม	lǎng kaa song dohm
icône (f)	รูปเคารพ	rôop kpao-róp
âme (f)	วิญญาณ	win-yaan
sort (m) (destin)	ชะตากรรม	chá-dtaa gam
mal (m)	ความชั่วร้าย	khwaam chûa ráai
bien (m)	ความดี	khwaam dee
vampire (m)	ผีดูดเลือด	phěe dòot lêuat
sorcière (f)	แมมด	mâe mót
démon (m)	ปีศาจ	bpee-sàat
esprit (m)	ผี	phěe
rachat (m)	การไถ่ถอน	gaan thài thǒrn
racheter (pécheur)	ไถ่ถอน	thài thǒrn
office (m), messe (f)	พิธีมิสซา	phí-tee mít-saa
dire la messe	ประกอบพิธี	bprà-gòp phí-thee
	ศีลมหาสนิท	sěen má-hǎa sà-nìt

| confession (f) | การสารภาพ | gaan săa-rá-phâap |
| se confesser (vp) | สารภาพ | săa-rá-phâap |

saint (m)	นักบุญ	nák bun
sacré (adj)	ศักดิ์สิทธิ์	sàk-gà-dì sìt
l'eau bénite	น้ำมนต	nám mon

rite (m)	พิธีกรรม	phí-thee gam
rituel (adj)	แบบพิธีกรรม	bpaep phí-thee gam
sacrifice (m)	การบูชายัญ	gaan boo-chaa yan

superstition (f)	ความเชื่อมงาย	khwaam chêua ngom-ngaai
superstitieux (adj)	เชื่อมงาย	chêua ngom-ngaai
vie (f) après la mort	ชีวิตหลังความตาย	chee-wít lăng khwaam dtaai
vie (f) éternelle	ชีวิตอันเป็นนิรันดร์	chee-wít an bpen ní-ran

DIVERS

198. Quelques mots et formules utiles

aide (f)	ความช่วยเหลือ	khwaam chûay lěua
arrêt (m) (pause)	การหยุด	gaan yùt
balance (f)	สมดุล	sà-má-dun
barrière (f)	สิ่งกีดขวาง	sìng gèet-khwăang
base (f)	ฐาน	thăan
catégorie (f)	หมวดหมู่	mùat mòo
cause (f)	สาเหตุ	săa-hàyt
choix (m)	ตัวเลือก	dtua lêuak
chose (f) (objet)	สิ่ง	sìng
coïncidence (f)	ความบังเอิญ	khwaam bang-ern
comparaison (f)	การเปรียบเทียบ	gaan bprìap thîap
compensation (f)	การชดเชย	gaan chót-choie
confortable (adj)	สะดวกสบาย	sà-dùak sà-baai
croissance (f)	การเติบโต	gaan dtèrp dtoh
début (m)	จุดเริ่มตน	jùt rêrm-dtôn
degré (m) (~ de liberté)	ระดับ	rá-dàp
développement (m)	การพัฒนา	gaan phát-thá-naa
différence (f)	ความแตกต่าง	khwaam dtàek dtàang
d'urgence (adv)	อย่างเรงดวน	yàang râyng dùan
effet (m)	ผลกระทบ	phŏn grà-thóp
effort (m)	ความพยายาม	khwaam phá-yaa-yaam
élément (m)	องค์ประกอบ	ong bprà-gòrp
exemple (m)	ตัวอย่าง	dtua yàang
fait (m)	ขอเท็จจริง	khôr thét jing
faute, erreur (f)	ขอผิดพลาด	khôr phìt phlâat
fin (f)	จบ	jòp
fond (m) (arrière-plan)	ฉากหลัง	chàak lăng
forme (f)	รูปร่าง	rôop râang
fréquent (adj)	ถี่	thèe
genre (m) (type, sorte)	ประเภท	bprà-phâyt
idéal (m)	อุดมคติ	u-dom khá-dtì
labyrinthe (m)	เขาวงกต	khăo-wong-gòt
mode (m) (méthode)	วิธีทาง	wí-thěe thaang
moment (m)	ช่วงเวลา	chûang way-laa
objet (m)	สิ่งของ	sìng khŏrng
obstacle (m)	อุปสรรค	u-bpà-sàk
original (m)	ตนฉบับ	dtôn chà-bàp
part (f)	สวน	sùan
particule (f)	อนุภาค	a-nú phâak

pause (f)	การหยุดพัก	gaan yùt phák
position (f)	ตำแหน่ง	dtam-nàeng
principe (m)	หลักการ	làk gaan
problème (m)	ปัญหา	bpan-hǎa
processus (m)	กระบวนการ	grà-buan gaan
progrès (m)	ความก้าวหน้า	khwaam gâao nâa
propriété (f) (qualité)	คุณสมบัติ	khun-ná-sǒm-bàt
réaction (f)	ปฏิกิริยา	bpà-dtì gì-rí-yaa
risque (m)	ความเสี่ยง	khwaam sìang
secret (m)	ความลับ	khwaam láp
série (f)	ลำดับ	lam-dàp
situation (f)	สถานการณ์	sà-thǎan gaan
solution (f)	ทางแก	thaang gâe
standard (adj)	เป็นมาตรฐาน	bpen mâat-dtrà-thǎan
standard (m)	มาตรฐาน	mâat-dtrà-thǎan
style (m)	สไตล์	sà-dtai
système (m)	ระบบ	rá-bòp
tableau (m) (grille)	ตาราง	dtaa-raang
tempo (m)	จังหวะ	jang wà
terme (m)	คำ	kham
tour (m) (attends ton ~)	ตา	dtaa
type (m) (~ de sport)	ประเภท	bprà-phâyt
urgent (adj)	เร่งด่วน	râyng dùan
utilité (f)	ความมีประโยชน์	khwaam mee bprà-yòht
vérité (f)	ความจริง	khwaam jing
version (f)	ขอ	khôr
zone (f)	โซน	sohn